※新乡影像丛书

新乡岁月

主 编 ◎ 李宝琴

河南大学出版社
HENAN UNIVERSITY PRESS
·郑州·

图书在版编目（CIP）数据

新乡岁月 / 李宝琴主编 . —郑州：河南大学出版社，2020.5
ISBN 978-7-5649-4251-9

Ⅰ.①新… Ⅱ.①李… Ⅲ.①城市史 – 新乡 – 图集
Ⅳ.① K296.13-64

中国版本图书馆 CIP 数据核字 (2020) 第 064288 号

责任编辑　郑　鑫
责任校对　李亚涛
封面设计　郭　灿

出版发行	河南大学出版社
	地址：郑州市郑东新区商务外环中华大厦 2401 号
	邮编：450046
	电话：0371-86059701（营销部）
	0371-22821215（高等与职业教育出版分社）
	网址：hupress.henu.edu.cn
排　版	新乡市商务快印有限公司
印　刷	新乡市天润印务有限公司
版　次	2021 年 6 月第 1 版　　印次　2021 年 6 月第 1 次印刷
开　本	890mm×1240mm 1/16　　印张　21.5
字　数	269 千字　　定价　98.00 元

（本书如有印装质量问题，请与河南大学出版社营销部联系调换）

《新乡岁月》编委会

主　　编：李宝琴

执行主编：刘崇勇

撰　　稿：石立新　王思蕾

编　　委：郑敏锐　王嘉俊　孙红洲　郭晓莉

　　　　　毋建利　李青春　赵劲松　孙大凤

> 序

收拾时光的涟漪

史国新

接过宝琴《新乡岁月》样书时便迫不及待地翻阅，照片、说明都看得很仔细，看完了即刻就有了初浅体会：一是新中国70年和改革开放40年新乡的经济发展是任何时代不可比拟的，可谓前无古人。城市的变化和人民衣食住行的改变像魔幻一般，解放前和新中国成立初期的影像都在述说着那时的苍凉、贫穷、落后，更何况上溯到新乡更遥远的时代呢？翻阅中更强烈感受了今天新乡的发展变化，天翻地覆。

二是照片里的时代尽管落后贫穷，但也有今天我们缺失和向往的事物，比如那时卫河上的水光帆影，坑塘里的荷叶蛙鸣；比如道路不堵车，房屋没有防盗网；比如日出而作，日落而息。没有丢失工作的焦虑，没有财富悬崖样的落差，人们的生活平静、安然。

三是感叹时光荏苒，似乎人生的故事刚刚开始转眼就快到了谢幕的时候，小时候觉得日子很慢，总想早早成为一个大人，长大了又觉光阴似箭，还没回过味儿来老就夺门而入。回望一生，往事已然。

书中所选取的照片部分来自于牛子祥老师，我和宝琴有幸和牛老师工作过一段日子。他对摄影事业的忠诚和热爱知道他的人都有口皆碑。今天牛老师已经八旬高龄，依然在拍片子，教学生，参加力所能及的公益活动。牛老师光影一生，用镜头真实记录了新乡发展的步履，为今天和以后的新乡留下了珍贵的历史资料。他摄影艺术的精湛、品德的高尚以及不为功名利禄的精神让我们肃然起敬。

《新乡岁月》是宝琴继《新乡记忆》《卫河记忆》之后主编的第三本书。这个让人感觉风风火火，电话都不等人最后一句告白就挂机的台长怎么能坐下来、静下来安心地去寻觅这些庞杂又散落的历史照片呢？但事实确是如此。挤出工作纷繁，拾起岁月点点。这是她对家乡情感的浸入，对新乡眷恋与感恩使然。不要认为你很了解一个人，有时候你看到的是一个人的侧面，有时候你看到的是一个局部，有时候你甚至仅仅看到了一个影子。

宝琴的三本书有三个共同点：都是光影作品；都是历史岁月；都是新乡土地的曾经。如此地青睐于光影不是她文字的苍白和懒惰，源于她二十多年电视台养成的光影视觉魅力。光影的优点首先是最接近真实，今天的许多语言和文字常常让人生疑，所以书和讲话里的忠诚和纯洁往往收获的是半信半疑；光影的优点还在于比语言和文字准确，即使最好的作家描述也不如一幅哪怕黑白哪怕质量不高的照片说得清楚和准确。光影书的劳动强度一点不比文字轻，不仅仅是书案功夫，更多的是寻找，沙里淘金，大海捞针，在历史的长和宽里不停地奔走。

宝琴是在五十岁的时候开始她寻找历史之旅的，她的职业让她大半生阅人无数，足迹也到过国内外许多地方，对于新乡这座徘徊于三线四线的小城她有许多逃离的机会，当然也有无数次离开职业或升迁或经商的遇见……最后还是新闻胜利了。这本《新乡岁月》又一次倾述和见证了她对新乡的热爱、眷恋、感恩、报答之心。

　　回望是检查的过程，回望是校正的过程，回望是加油的过程。前进的路上可以没有风景，可以没有鼓动，甚至可以没有援手，但不可以没有驿站。这是让跋涉者喘息和回望的地方，道路走对了吗？有没有委屈和冤枉的步履？方向还对吗？明天的步伐是否依然如故还是改道易辙？翻开宝琴的《新乡岁月》，不论是土生土长的新乡人，还是出出进进、羁旅于此的新乡人多多少少都会收获。

　　《新乡岁月》还告诉我们，官不算太大但半生气场很足的宝琴，新乡新闻战线奔波打拼直到退休的宝琴，其实还有点孩子气，表面上大大咧咧，说话时不加遮掩，内心却充满了柔软和温情。她生命的所有都是这块土地给予的，所以她认为这块土地是最亲切的；她一生中如果有辉煌一定是身边的人鼎力促成的，所以她认为这里的人是最善良的。她永远爱这里的土地和乡亲，总想寻找一切机会献一点微薄之力，《新乡岁月》便是其中之一。

2021年5月

　　（作者简介：史国新，新乡市人，1957年8月出生。1982年郑州大学中文系毕业。曾任新乡日报社党委委员、《新乡日报》副总编辑，《平原晚报》总编辑。）

目 录

1. 蝶变之路 …………………… 1
2. 老城记忆 …………………… 64
3. 城市交通 …………………… 104
4. 生活万象 …………………… 154
5. 人文风尚 …………………… 194
6. 教育医疗 …………………… 224
7. 企业风采 …………………… 262
8. 时代人物 …………………… 294

后记 "技艺超群 人品更高"
　　——牛子祥其人其事其情怀 …… 333

1 蝶变之路

新乡影像丛书

新乡岁月

◆1949年5月5日,河南新乡宣告和平解放,中国人民解放军进驻新乡。

新乡影像丛书

新乡岁月

/蝶变之路/（1900～1985）

新乡和平解放证明书

兹有驻新乡原国民党军第四十军106师316团宋健茹系参加新乡和平解放部队编为人民解放军本人愿自遣回籍希望当地政府根据实际情况分给其本人和家属一份土地特此证明。

中国人民解放军新乡市军事管制委员会
主任 甘渭汉
副主任 刘刚

中华民国三十八年五月卅一日

◆1949年5月5日，中国人民解放军代表与国民党新乡守军代表在新乡县陈堡进行谈判，签订了新乡和平解放协议，新乡宣告和平解放。

7日，中共新乡市委、市政府由小冀镇进驻新乡城区。

（新乡市档案馆供稿）

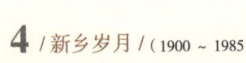

◆1949年5月26日,新乡各界人民召开规模盛大的庆祝新乡解放大会。图为工人、学生、市民和解放军指战员一起,载歌载舞,共庆胜利。

◆1949年，中共新乡第一届市委主要领导同志合影，胡晓琴（前排左一）、张苏斌（前排左四）。

（新乡市档案馆供稿）

◆1949年5月,新乡市人民政府领导班子。

1948年11月,中共新乡市委、市政府在新乡县小冀镇成立。1949年3月,中共太行军区决定正式成立军管会。5月1日至3日,在中共的争取下,国民党新乡守军四十军副军长出城,向解放军四十七军正式请求和平改编。5月5日,新乡宣告和平解放。5月6日,国民党守军万余人出城接受改编。同日,市军管会发出第一个布告,全面接管新乡旧政府机关等单位。5月7日,解放军举行入城仪式,中共新乡市委、市政府、市军管会由小冀镇进驻新乡城。

(新乡市史志馆供稿)

◆1949年9月13日至15日，第一届新乡市各界人民代表会议召开。

◆1950年至1953年，新乡市各界响应中央号召，开展"抗美援朝，保家卫国"运动。
（辉县市档案馆供稿）

◆1951年，新乡市各界举行支持"抗美援朝"游行大会。

（辉县市档案馆供稿）

/ 蝶变之路 /（1900 ~ 1985）

◆20世纪50年代初,党和政府实施了引黄灌溉济卫工程——人民胜利渠总干渠,这是新中国成立后我国在黄河下游兴建的第一个大型引黄灌溉工程,工程于1951年1月开工,1952年4月举行放水典礼。该工程以10立方米/秒流量灌溉农田,以20立方米/秒流量注入卫河济运,全长52.7公里。途径武陟、获嘉、原阳、新乡县至新乡市平原路平原桥北入卫河。

◆1959年，人民胜利渠中段的七里营水电站。

◆1958年的新乡市委大院（位于今人民路卫滨区政府对面的大商新玛特）。（王世龙供稿）

◆1959年至1961年，是我国三年自然灾害时期。这个时期群众缺少粮食，没有饭吃，"低标准，瓜菜代"，人们采取各种办法渡过困难时期。
（1959年摄于新乡县朗公庙公社）

◆ 1966年5月，打着破"四旧"横幅游行的队伍。

◆1959年，没有电，也没有机械，新乡农民自制打井设备，采用人力在上面踏动木架上的圆环，转动抽水打井。有了水，就有丰收，就有幸福的生活。

◆谁说只有男人才能撬石头，新乡的铁姑娘们照样能在地球表面钻出窟窿。

（新乡档案馆供稿）

◆知识青年上山下乡。1968年12月,毛泽东主席发出"知识青年到农村去,接受贫下中农再教育,很有必要"的号召,全国立即掀起知识青年上山下乡的高潮。全市下乡知识青年除到本市郊区农村外,还奔赴新乡地区所属县镇。图为新乡市第一批知青上山下乡,新乡各界人民热烈欢送的场景。

◆全市各界在工人文化宫欢送知识青年上山下乡。

(郑敏锐供稿)

◆国营七六〇厂欢送子弟上山下乡。　　　（郑敏锐供稿）

◆知青在农村收获着自己种出的蔬菜果实。

◆知识青年赤脚医生,她们经常挎着药箱穿梭在田间地头,为村民送医送药。

(郑敏锐供稿)

◆拖拉机手。
　　　（郑敏锐供稿）

◆知识青年选育良种虚心向农业专家请教。
　　　（郑敏锐供稿）

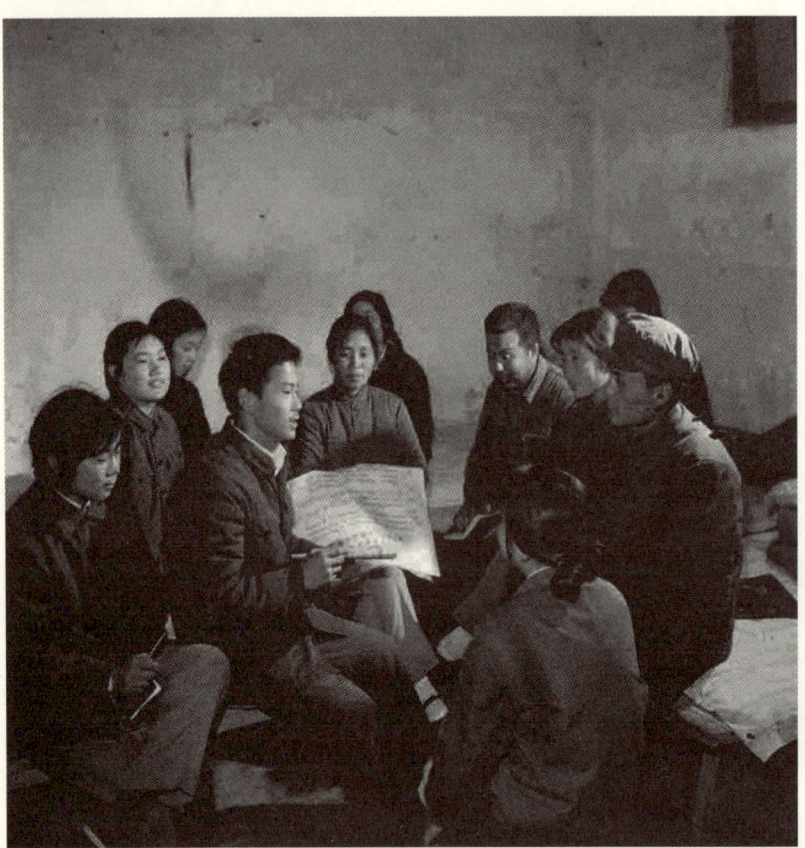

◆知识青年召开支委会。
（郑敏锐供稿）

◆工宣队与知识青年合影。
（郑敏锐供稿）

◆1965年，新乡市举行抗美援越动员大会及群众集会。

◆1969年，新乡各界庆祝中华人民共和国成立二十周年。

◆庆祝国庆的人群载歌载舞。

◆庆祝的花车上，样板戏《红灯记》《沙家浜》人物扮演者。

◆1973年4月13日，辉县石门水库开工建设，1975年建成。
（辉县市档案馆供稿）

◆1973年7月31日，辉县宝泉水库（初名峪河口水库）开工建设。
(辉县市档案馆供稿)

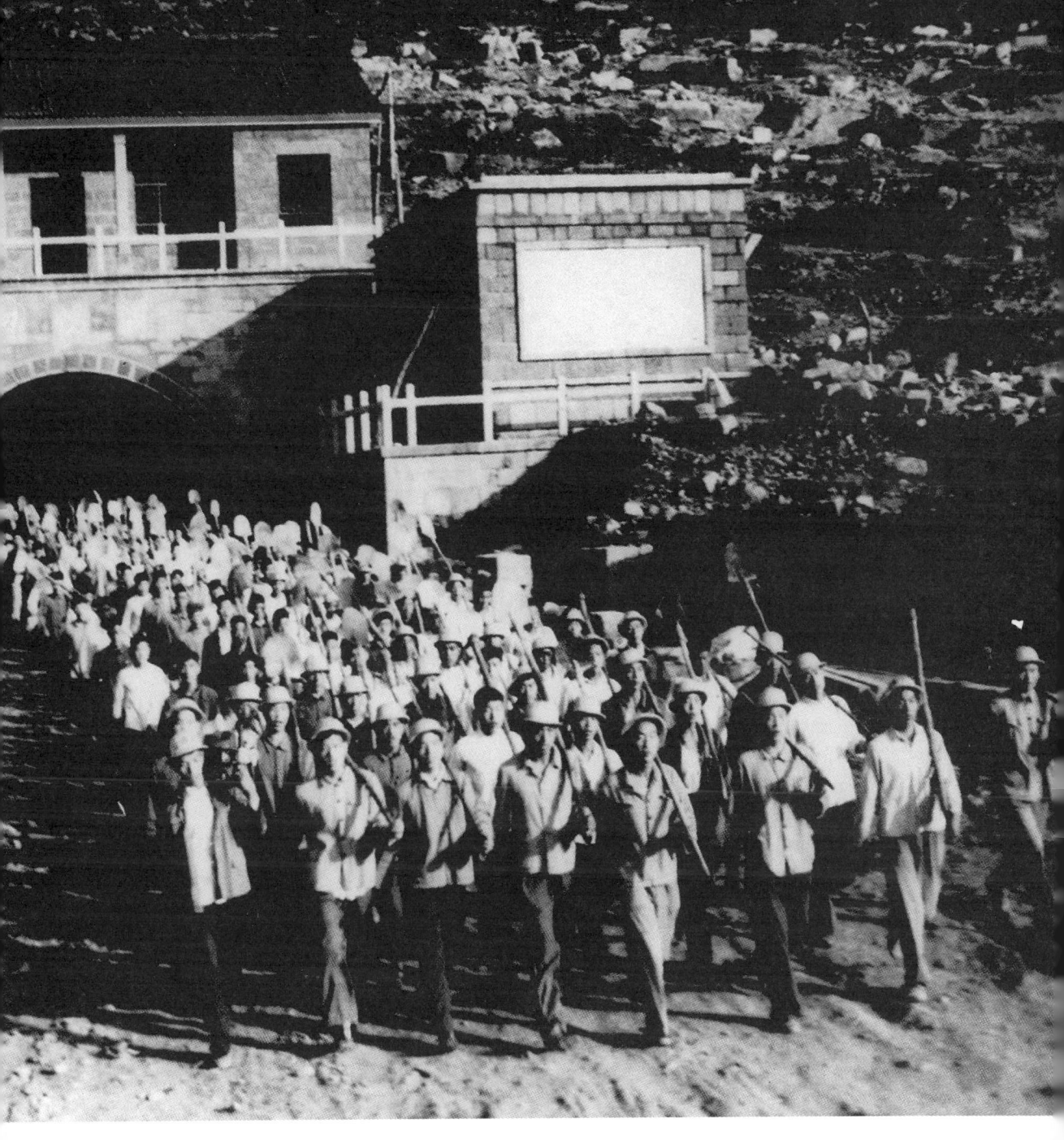

◆1965年8月16日，为了改造山河，辉县成立"愚公移山"专业队，队员共200名。
（辉县市档案馆供稿）

◆1976年9月9日,毛泽东主席逝世。举国上下,从城市到农村,从机关到学校,工人、农民、学生、干部都自发地参与到悼念活动中。图为新乡市体育场十多万人自发参加追悼大会。

◆毛主席逝世的恶噩耗传来，悲痛欲绝的姑娘。

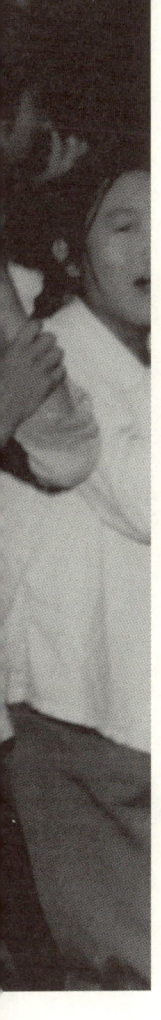

◆武装民兵列队前往守护"毛主席灵堂"。

◆1976年10月,新乡各界在市体育场(解放大道中段)集会,庆祝中央粉粹"四人帮"的伟大胜利。

◆1976年10月，在市体育场上召开庆祝大会欢呼粉碎四人帮。

◆庆祝粉碎"四人帮"的队伍人山人海。

新乡影像丛书

新乡岁月

◆1977年8月12日至18日，中国共产党第十一次全国代表大会在北京举行。图为新乡市人民举行游行庆祝党的"十一大"胜利召开。

◆1954年2月22日至26日,新乡市第一届人民代表大会第一次会议召开,会议选举产生了新乡市市长、副市长。

◆1958年3月27日,中国共产党新乡市第二次代表会议召开。

◆1981年9月6日至12日,新乡市第五届人民代表大会第一次会议召开。会议决定撤销新乡市革命委员会,恢复新乡市人民政府。10月6日,中共河南省委批准刘焕立为市长,当年各县、区革命委员会也先后改为县、区人民政府。

（新乡市史志馆供稿）

新乡影像丛书

新乡岁月

◆1981年9月5日，中国人民政治协商会议新乡市第四届委员会第一次会议召开。

◆市五届人大一次会议期间,老政府院内(北院)的中正礼堂前,举行了新乡市人民政府、新乡市人民代表大会常务委员会授牌仪式。仪式结束后,相关领导分别抬着牌匾走向南院,此后老政府北院成为市委院。

◆新乡市人民政府挂牌，图为老政府南院，现为卫滨区政府。

◆1984年10月30日，新乡市第六届人民代表大会第一次会议召开。

◆1986年1月，市委宣传部全体同志合影，前排左五为宣传部部长于晋民，前排左四为宣传部副部长黄启英，前排左六为宣传部副部长王定帮，前排左七为宣传部副部长史广群，二排左二为本书主编李宝琴。

（新乡市档案馆供稿）

◆1986年1月，河南省人民政府决定撤销新乡地区，机构人员并入新乡市。1985年12月，新乡地委宣传部部分同志合影，前排左三为时任新乡地委宣传部部长邓玉杭（后调职许昌市），前排右三为时任地委宣传部副部长高四全。

（新乡市档案馆供稿）

新乡影像丛书

② 老城记忆

新乡岁月

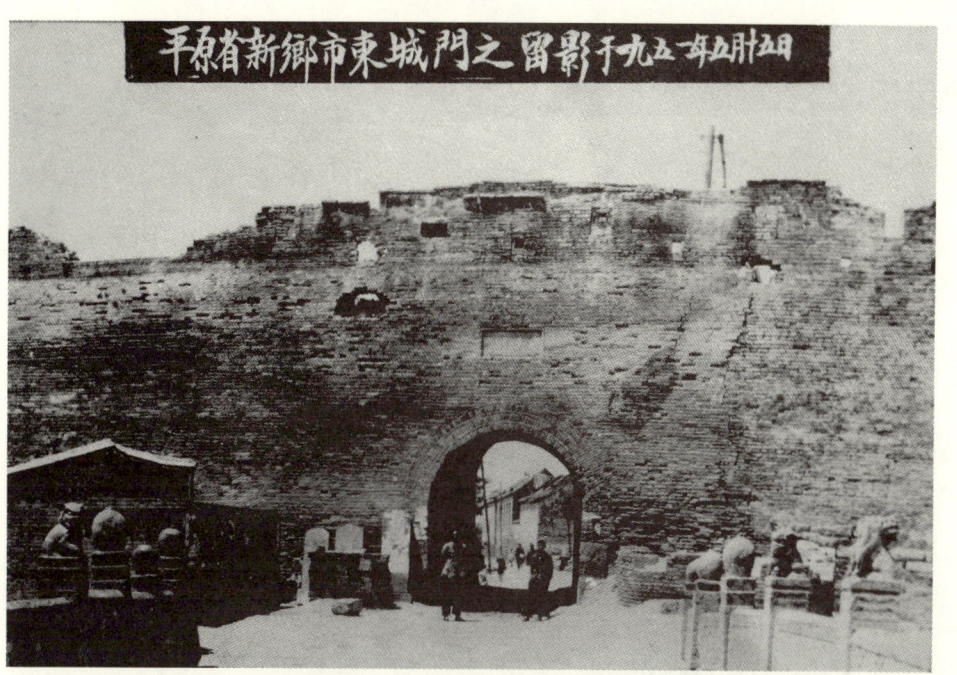

◆东城门,位于今环城东街与大东街交叉口。

◆南城门,位于今劳动路中段人民公园西门北侧。

◆北城门，位于今劳动桥南。

古城旧貌

◆新乡于唐武德元年（公元618年），在卫河南岸始筑土城。城中央较四周高出5米多，故有"龟背城"之称。明正德六年（公元1511年），在城外开挖护城河。崇祯十二年（公元1639年），城墙外壁改为砖砌。据清乾隆十二年（公元1747年）《新乡县志》记载，县城设东西南北四门，东曰迎恩，西曰来宾，南曰朝阳，北曰拱辰。1935年于北门西南增开一座城门，名为新西门。新乡解放后，根据城市建设需要，于1951年经平原省人民政府批准，将旧城拆除，砖石分别用于修建自来水塔和桥梁涵洞，城土用于填垫城内大坑。

（新乡市城市建设档案馆供稿）

◆西城门，位于今西大街与环城西街交叉口。

◆小西门，位于今胜利街石榴园社区一家属院入口。

◆新乡市城内南门里东拐大水坑。
（新乡市城市建设档案馆供稿）

◆新乡市城内东门里南拐大水坑。
（新乡市城市建设档案馆供稿）

◆新乡市城内北大街东流水胡同。
（新乡市城市建设档案馆供稿）

◆新乡市城内北大街西流水胡同。
（新乡市城市建设档案馆供稿）

◆新乡市政府拆城委员会施工所大门。
（新乡市城市建设档案馆供稿）

◆新乡市北门外拆墙留影。

（新乡市城市建设档案馆供稿）

新乡钟鼓楼

◆胜利路（今胜利街）上的钟鼓楼，上刻"遵守时间"四个大字。建于20世纪30年代，位于石榴园西口，姜庄街东口及土马路北口。外观极具西欧风格，楼高16米，宽4米。底层设东西行人通道，游人在通道可拾阶登高至钟鼓楼花墙处，浏览四周风光。

此楼与通丰桥、河朔图书馆、工字楼（新乡县公署）同为30年代新乡四大建筑。

◆民国时期的石牌坊，位于市平原路与牌坊街交会处，全称为七世同居坊，始建于1824年（清道光四年）。石牌坊高10米，宽8.5米，坐南向北顶起三层，三门四柱，坊顶有兽吻、瓦垄、飞檐、梁架等。中坊檐下正反两面中间有青石竖匾，上书"圣旨"二字。匾下二道题额，上为"旌表例授承德郎军功加正六品衔"，下为"候选布政司经历赵珂七世同居坊"。相传赵珂治家有方，七代同堂不分家，加上赵珂曾带领家丁到滑县配合清军平息白莲教有功，清道光皇帝为表彰其军功而建。该坊通体有雕刻图像80余幅，四立柱周围的抱鼓石及青条石上雕狮24头，或蹲或卧、摇头摆尾、神态逼真。其雕刻形象有写实、有想象、有静止、有飞动，人物飘带、树木花枝叶及龙须等细部均采取透雕手法，层次鲜明清晰，雕工精细，给人以逼真的立体感。

◆北关石牌坊——尚书坊（曾经位于平原路与劳动路十字南100米，通往北城门的过街牌坊）又称功德坊，如今功德坊的部分构件已存入博物馆。

◆同和裕火柴公司。1919年，荆建初等人在兴建工业、提倡国货、挽回利权的名义下，在新乡饮马口的卫河北岸兴建新华火柴有限公司。由于外货充斥等原因，该公司先后改为利中火柴公司、津华火柴公司、同和裕火柴公司。

◆建于1951年的平原省省委党校办公楼。现荣校路南豫北宾馆东邻。

/ 老城记忆 / (1900～1985)

◆1951年的人民食堂，位于解放路（今解放大道）。
（新乡市城市建设档案馆供稿）

◆解放前的戏院（1957年改造为人民曲艺所）。
（新乡市城市建设档案馆供稿）

◆百年药店——育生堂

　　清嘉庆年间，由查家、李家等筹资创建，位于北关街西路的卫河南岸，近邻民乐桥。1956年1月完成公私合营改制，取名"新乡中药总店北关药店"（总店设在此店）。1964年改为国营新乡市药材公司十部。

（图片来源：《卫河记忆》）

◆清雅阁浴池

　　清雅阁浴池是"小沧浪"浴池初创时的名字。20世纪初,在新乡县中山街(即新华街)中段路北拐角楼开张。清雅阁浴池,临近卫河,利用卫河取水,是新乡市最早的一家浴池。截至20世纪70年代,已有50多年的历史。

(图片来源:《卫河记忆》)

◆新华街,解放前叫中山大街。

(新乡市档案馆供稿)

◆东大街德茂城商街。
（新乡市档案馆供稿）

◆西大街（炫歌街）。

◆东大街（崇化街）。

◆北大街（安仁街）。

◆南大街（归德街）。

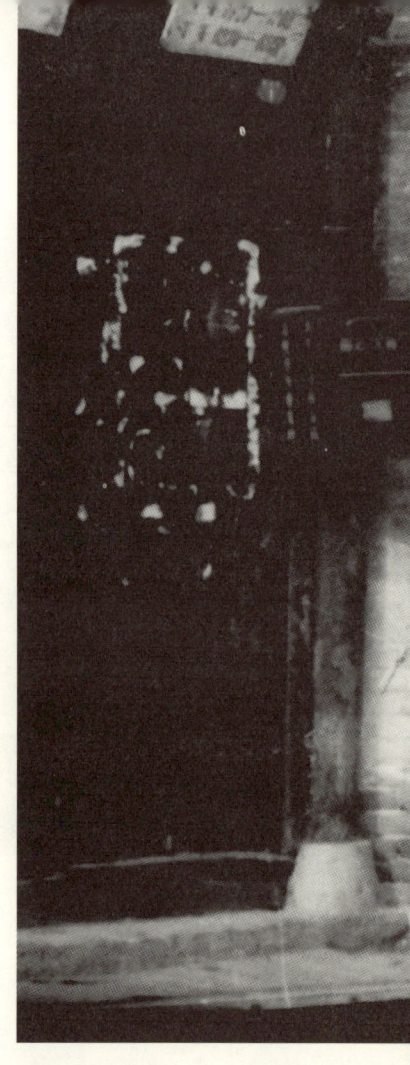

◆城里十字西边面北的建筑。
（图片来源：《卫河记忆》）

◆城里十字上南向街路，面东门店，面北邮政所。
（图片来源：《卫河记忆》）

◆新乡县公署（工字楼）

1931年于县城东大街路北兴建的新乡专、县合署办公大楼。外观为工字形，故名工字楼。新中国成立后一直是新乡县政府的办公大楼。1961年8月24日，恢复新乡县，属新乡地区专员公署。1983年9月1日，由新乡地区专员公署改属新乡市辖。

（新乡市史志馆供稿）

◆疏河街,因民国初期这里是疏浚卫河的场所而得名,是京汉铁路和道清铁路在新乡过境后,繁华西移形成的,位置在今天的解放桥西侧,南起新华街,北至卫河。

(图片来源:《卫河记忆》)

◆1938年10月，新乡老城街道上的协和食堂。
（新乡市档案馆供稿）

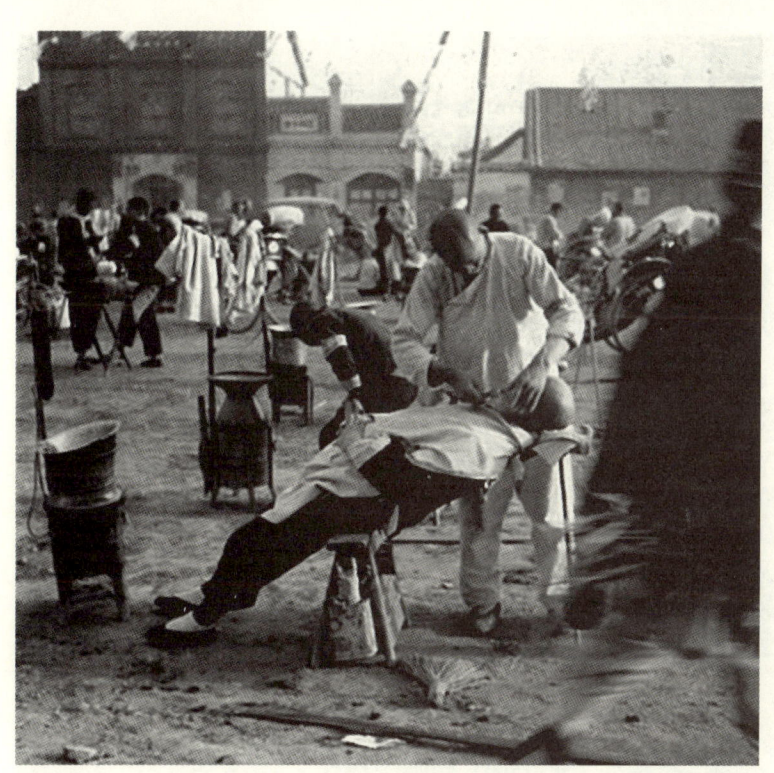

◆火车站前的剃头摊位。
（新乡市档案馆供稿）

◆新乡老城街景。正前方就是北关过街牌坊，又名尚书坊。
（新乡市档案馆供稿）

◆新乡南门城外。

（新乡市档案馆供稿）

◆20世纪40年代卫河上的浮桥。

（新乡市档案馆供稿）

◆1946年新乡城畔风景，当时的卫河绿水常青，千帆竞发。

（新乡市档案馆供稿）

新乡影像丛书

新乡岁月

◆1946年的新乡老城北城外景况。
（新乡市档案馆供稿）

/ 老城记忆 / （1900～1985）

◆船上就餐。有的船上吃住用品俱全，一条船就是一个行走的家。

(新乡市档案馆供稿)

◆1940年新乡城畔风景。

(新乡市档案馆供稿)

◆卫河上的码头。

（周慧敏供稿）

◆20世纪50年代卫河清淤。
（王树林供稿）

◆20世纪30年代进出北城门的民乐桥。
（新乡市档案馆供稿）

◆城墙上俯瞰卫河。
　（新乡市档案馆供稿）

◆解放前，远望新乡城墙，一片萧瑟、衰落景象。
　　　　　　　　　　（新乡市档案馆供稿）

◆1938年1月3日，日本侵略军从安阳南犯，驻新乡的国民党部队弃城南逃。日军沿平汉线长驱直入，占领了新乡。图为盘踞在新乡的日本军队。日伪统治新乡长达八年，直到1945年抗战胜利，新乡又回到国人手中。

◆抗战时期，新乡老城北街城门前街道。　　（新乡市档案馆供稿）

◆抗战时期,新乡街头的日本妇人。
（新乡市档案馆供稿）

◆抗战时期,新乡日本小学校的学生。
（新乡市档案馆供稿）

◆抗战时期的城内街市。
（新乡市档案馆供稿）

◆日本侵略者麻痹和奴化中国百姓的所谓宣抚班所在地。门上挂着日本国旗和窝成一团的伪政权五色旗。

（新乡市档案馆供稿）

新乡影像丛书

新乡岁月

◆新乡市最早的水塔，1938年2月17日，日本侵略者占领新乡后，于1939年5月在铁路西中同东街修建钢筋混凝土水塔一座，高29米，水容积200立方米，取卫河水做水源，并于卫河南东高村建铁路给水所，1940年8月建成，主要供铁路机车和日伪机关用水，并在城内设了7处售水站。20世纪60年代中期，新乡铁路水电段成立，水塔便由该段管理使用，专供铁路机车上水。

③ 城市交通

◆1950年1月25日，平原省交通会议纪念。
（新乡市城市建设档案馆供稿）

◆1951年2月新乡市人民政府制定城市建设规划，着手进行旧城改造。当时的重大改造项目有拆除旧城墙、开辟新道路、改造火车站。图为1951年11月，新乡市人民政府河北（卫河北）三大主干道路基竣工施工人员合影留念。
（新乡市城市建设档案馆供稿）

◆1949年1月23日，道清铁路五孔桥工程竣工摄影纪念。道清铁路东起滑县道口，西至清化（今属焦作）。
（新乡市城市建设档案馆供稿）

◆东大街挖碎石施工。
（新乡市城市建设档案馆供稿）

◆东大街。

（新乡市城市建设档案馆供稿）

◆南大街路面施工现场。
（新乡市城市建设档案馆供稿）

◆1952年8月,小东街验收现场。
　　　　(新乡市城市建设档案馆供稿)

◆1952年春，民生路（今平原路）百货公司施工现场。
（新乡市城市建设档案馆供稿）

◆民生路（今平原路）施工现场。
（新乡市城市建设档案馆供稿）

◆民生路（今平原路）施工现场。
（新乡市城市建设档案馆供稿）

◆民生路（今平原路）施工一角。
（新乡市城市建设档案馆供稿）

◆民生路（今平原路）涵洞（人民胜利渠通往卫河）施工现场。
（新乡市城市建设档案馆供稿）

◆民生路（今平原路）西段原情形。
（新乡市城市建设档案馆供稿）

◆胜利路（今胜利街）北段施工现场。
（新乡市城市建设档案馆供稿）

新乡影像丛书

新乡岁月

/ 城市交通 / (1900 ~ 1985) **115**

◆1952年8月13日，全体工人在下午休息时开会总结胜利桥施工经验，为后续的桥梁施工提供了理论与技术支持。
（新乡市城市建设档案馆供稿）

◆1952年8月25日，胜利桥检验现场。
（新乡市城市建设档案馆供稿）

新乡影像丛书

新乡岁月

◆胜利桥，位于胜利路（今胜利街）中段卫河上，1952年，新建木结构桥（上图）。1967年，改建为钢筋混凝土双曲拱桥，混凝土灌桩基础（下图）。

（图片来自：《卫河记忆》）

◆中同街路床碾压施工。
（新乡市城市建设档案馆供稿）

◆中同街验收现场。
（新乡市城市建设档案馆供稿）

◆1952年9月，石工们在爆破自由路（今自由街）上的障碍物。
（新乡市城市建设档案馆供稿）

◆1953年5月4日,铁西桥未开工前的景象。

(新乡市城市建设档案馆供稿)

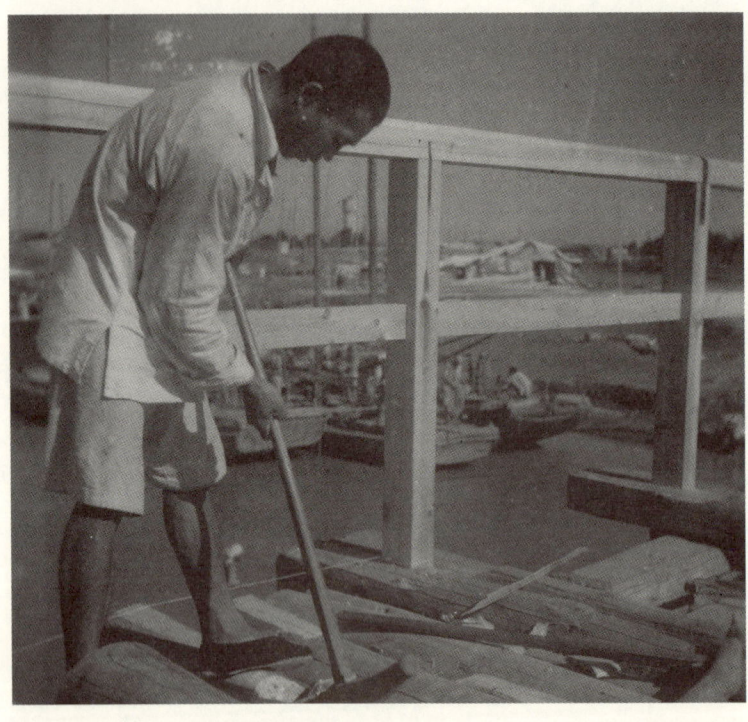

◆1953年夏,铁西桥施工现场的木匠师傅。

(新乡市城市建设档案馆供稿)

◆铁西桥修建前的卫河。

（新乡市城市建设档案馆供稿）

◆西干桥，原名平原桥，始建于1953年，位于西干道（今西华大道）北段卫河上，系木筒支架桥。后来，平原省撤销，为纪念平原省时代，桥名不变。又因建在西干道（今西华大道）上，市民常称之为"西干桥"。

（图片来自：《卫河记忆》）

◆1952年，防汛副指挥长孔尚源和市委组织部副部长常德隆在石榴园桥上现场指挥。
（新乡市城市建设档案馆供稿）

◆1952年，抢救石榴园桥现场。
（新乡市城市建设档案馆供稿）

◆1952年，石榴园桥抢救开工后下桩的施工现场。
（新乡市城市建设档案馆供稿）

◆1952年，为抢救石榴园桥而备的草袋。
（新乡市城市建设档案馆供稿）

◆1953年4月，疏通图书馆后面的卫河河道。
（新乡市城市建设档案馆供稿）

◆1951年修建卫河复堤工程。
（新乡市城市建设档案馆供稿）

◆1952年，引号桥（今劳动街人民胜利渠桥东邻）竣工通车。
（新乡市城市建设档案馆供稿）

◆20世纪70年代的解放路（今解放大道），1955年，解放路（今解放大道）中段路面被改造为市区第一批沥青路面。

◆20世纪80年代的解放路（今解放大道）。

◆20世纪80年代的解放路（今解放大道）此时，行道树已很茂盛。

◆民乐桥—宋·政和元年（公元1111年）修造的五孔石桥，原名"邵公桥"，是新乡县城通往卫河北岸农村的唯一桥梁。明·弘治七年（1494年）加修为七孔，改称"民乐桥"。1952年政府对桥面进行重修，易名"大众桥"，此桥原位于今劳动桥东约50米处，1984年卫河清淤时，此桥遂废。

（新乡市档案馆供稿）

◆20世纪50年代卫河岸边景象。宽宽的河面,静静的河水。
(新乡市档案馆供稿)

◆20世纪30年代,俯瞰新乡城及卫河民乐桥。(新乡市档案馆供稿)

◆20世纪30年代,卫河民乐桥上窃窃私语的妇女。(新乡市档案馆供稿)

◆通丰桥，位于京广铁路东侧，由通丰面粉有限公司建于1919年。该桥初建时为木桥，1932年改建混凝土桥，至1935年底竣工。因此，通丰桥为新乡市第一座钢筋混凝土大桥。

（图片来自：《卫河记忆》）

◆铁路桥，位于建国路西北侧的卫河上，东邻通丰桥，1905年由比利时公司承建。

（图片来自：《卫河记忆》）

◆图书馆桥，始建于1935年，位于一横街北段的卫河支流月牙河上，在河朔图书馆以南。1952年，改建为混凝土T型筒支梁桥。因当时平原省中苏友好协会设于图书馆内，曾更名为"中苏友好桥"，20世纪60年代恢复为"图书馆桥"。

◆共产主义桥，建于1958年，位于和平路（今和平大道）北段，因横跨共产主义渠而得名。

（图片来自：《卫河记忆》）

◆解放桥，位于解放路（今解放大道）北段卫河上。20世纪30年代前，该处为卫河的码头和渡口。1948年建木简支架桥，取名中央大桥。1954年，改为钢筋混凝土桥。因此，解放桥是新中国成立后新乡修建的第一座钢筋混凝土大桥。

（图片来自：《卫河记忆》）

◆东风桥,始建于1958年,位于西牧村东与东牧村西的卫河上,是一座农用木桥。

(苏秦供稿)

◆20世纪80年代的北干道（今宏力大道）。

◆新乡市北干道（今宏力大道）与胜利路（今胜利街）北段交叉处的新乡市新华书店（左）和新乡市酒厂（右）。

◆游家坟火车站站牌

　　1938年，道清线为日伪华北交通公司窃据，日军为修筑新（乡）开（封）铁路，于1939年将该线三里湾经道口至游家坟计长71.36公里的铁路拆除，路料移铺于新开线。1945年5月，又将常口至清化一段计长8.71公里拆除。至此道清铁路仅存有新乡至焦作矿区段。抗日战争胜利后，此段改称为新焦支线。

◆建于20世纪70年代末位于火车站广场东北角的太行饭店。

◆20世纪80年代的文化路（今文化街）北段。

◆日军占领时期，新乡县火车站站牌。
（新乡市档案馆供稿）

◆日军占领时期的火车站。
（新乡市档案馆供稿）

◆二十世纪三四十年代的新乡火车站。

◆1958年建成的新乡火车站。

◆新乡火车站广场

1958年与新建的京广铁路新乡站同时建成。面积2.9万平方米，位于平原路西端、火车站候车大厅前，为市区建成时期最早、规模最大的广场，中心建有喷水池、假山、花坛，四周建有灯柱。1982年，重修花坛，整修路面，树立各式灯柱，种植各种花卉。广场北侧为太行饭店，南侧为新乡饭店和饮食服务区，西侧为出租车停车场，南部为市内公共汽车停车场，东侧直通平原路进入市区。

◆新乡火车站广场

◆新开铁路（1945年9月改名为汴新铁路）

　　1938年10月，日军开始筹建新开铁路。1939年初，新开铁路正式开工修建，全部工程由七里营车站以北平汉铁路611公里处开始，绕票房后至车站南闸口与该站二股道接通，经小冀镇东北奔向东南，过吕庄北、阳武县北、向东至太平镇南、齐亦集南，再斜向东南，经荆隆宫北，然后向南跨过黄河干涸河道，经大马庄西继续往南到开封西关，绕城西南角转到南关，成为开封车站一股道，与陇海铁路500公里处接轨。

◆1949年5月26日，中国人民革命军事委员会铁道部郑州铁路局新乡办事处举行平汉（即北京到武汉）铁路通车典礼。

（新乡市档案馆供稿）

◆郑州铁路局新乡机务段支援抗美援朝机组人员。

◆1941年7月，新乡汽车站检票口。
（新乡市档案馆供稿）

◆新乡有公共汽车了

1958年9月1日,新乡有三部新型公共汽车开始运行,新乡市从此有了公共汽车。

◆1984年新乡汽车站荣获"文明车站"称号。

◆由河南省交通厅颁发的"文明车站"光荣牌。

◆新乡市平原饭店，位于自由路（今自由街）中段西侧，距中同胡同约100米，始建于1949年10月，1951年3月竣工，整个建筑体现了五十年代建筑的特色。

◆二十世纪七八十年代的新乡市友谊宾馆，位于新乡市东南隅，友谊路与和平路（今和平大道）交会处向东250米，今国际饭店南楼部分。始建于1975年10月，1978年11月竣工，当时主要接待党和国家领导人及外宾。

❹ 生活万象

新乡影像丛书

新乡岁月

◆20世纪50年代,卫河上的民船。
(新乡市档案馆供稿)

◆城门内望。
(新乡市档案馆供稿)

◆20世纪50年代,新乡城墙下风景。
(新乡市档案馆供稿)

◆城墙外赶路的独轮车队,这样的车队随着道路的建设与发展早已成为历史。

(新乡市档案馆供稿)

◆卫河船上打鱼人。
（新乡市档案馆供稿）

◆城下路边的人力车夫。
（新乡市档案馆供稿）

◆船上进餐的老人。
（新乡市档案馆供稿）

◆船板上休息的船民。
（新乡市档案馆供稿）

◆人们在木板小桥上洗衣服。
（新乡市档案馆供稿）

◆市井推车的人。
（新乡市档案馆供稿）

◆1940年的街头卦摊。
（新乡市档案馆供稿）

◆40年代初,新乡一家兄弟姐妹四人。

◆街头的小贩。小食摊是最能吸引孩子们的地方。
（新乡市档案馆供稿）

◆二十世纪五六十年代的新乡孩童生活。
（新乡市档案馆供稿）

◆1944年,原新华街宝光照相馆拍摄的一张全家福,当时新乡有二十多家私人照相馆。

◆1950年的一张全家福,它记录着瞬间,诠释着永恒。

◆1949年10月6日，庆祝中华人民共和国成立秧歌队演出。　（新乡市档案馆供稿）

◆新中国成立初期，新乡开展扫盲运动。

◆群众在阅读毛泽东主席1958年4月15日撰写的，发表于1958年《红旗杂志》的创刊号上的文章。文章介绍了封丘县应举乡合作社情况。

（王世龙供稿）

◆50年代初，新乡姐妹俩，右边这位姑娘后成为中国文工团演员。

◆ 迎春照相——前身是健康照相馆，始建于1955年。1979年，赵爱魁将其改名为"迎春照相馆"。1985年，他将自家房产抵押，贷款购买了日产诺日士Qss—701型彩扩机，成立豫北地区第一家彩色摄影扩印中心，从此结束了到郑州扩印彩色照片的历史。

这张照片是1979年赵爱魁在为小朋友拍照中，拿玩具逗乐小朋友留下天真的笑脸。

◆1961年冬，辉县梁村公社烟燉学校教师孙中启和工人侯梅枝在县城照的一张结婚照。对于处在三年困难时期的一对新人来说，幸福才是生活的主题。

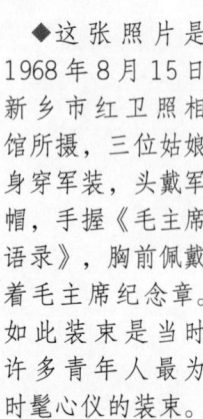

◆这张照片是1968年8月15日新乡市红卫照相馆所摄，三位姑娘身穿军装，头戴军帽，手握《毛主席语录》，胸前佩戴着毛主席纪念章。如此装束是当时许多青年人最为时髦心仪的装束。

◆60年代中期的新乡姐妹俩。

◆70年代末，新乡姑娘开始流行烫发。

◆豫剧团的青年们在田间地头与农民一同交流。

◆学雷锋小组走村进户,为群众理发。

◆在摆放《毛主席语录》《毛泽东文选》的书架前，读者在认真捧读。

◆1958年的打麦场。

这种打麦方式已经成为历史，几亩、几十亩大的麦场也在田野上和农村里消失了。麦场上的愉悦与辛苦，歌声与汗水，都被机械化的收割机轰鸣声淹没了。

（辉县市档案馆供稿）

◆秋收完毕。1962年是三年自然灾害后的第一个丰收年，秋粮收获，群众的喜悦涌上心头。封丘县的荆隆宫公社的群众就在麦场上开始学骑自行车，当时打麦场每个生产小队就有一个，夏收、秋收过后，闲暇时常常是男女老少嬉乐的地方，尤其是孩子们。

（王世龙供稿）

◆20世纪80年代,新乡市总工会举办的集体婚礼。

◆曲剧团团员们的排练情景。

新乡市曲剧团的前身是民间职业光明曲剧社。1955年7月划归市政府文教科领导，1956年7月更名为新乡市曲剧团。1967年3月改为新乡市红旗文工团，同年7月复名新乡市曲剧团。1970年9月与市豫剧团合并组成新乡市文工团。1973年7月，再次复名新乡市曲剧团。

◆1980年全民学《宪法》。

◆1980年代，群众逛街累了，在路边台阶小憩。

◆1980年代，定期举办的集贸市场，交易品种琳琅满目、形形色色，涵盖日常生活的方方面面。市场上车水马龙、人头攒动。

◆1980年代新乡市百货大楼售货员在耐心为群众服务。

◆商店一角。电风扇、收录机是1980年代的重要家电。

◆1980年代的人民警察,绿色三轮摩托车是当时主要的警用公务车。

(新乡市档案馆供稿)

◆1985年上交通岗的新乡第一代女交警魏秀珍。那时汽车很少，十字路口也没有红绿灯，汽车是否能通行，全看交警手里红白相间的交通指挥棒。
（新乡市档案馆供稿）

◆20世纪80年代，位于解放桥桥北的桥头烧鸡店，每天上午开门营业前，门前早已排起了长队，几乎是天天供不应求。

◆1944年，熊明月在新荣街开一肉铺。他技术精细，选料讲究，卤出的肉色泽鲜艳，味道独特，颇受远近食者好评。因没有字号，只因本人驼背弓腰，久而久之，人称"罗锅卤肉"。1982年3月，"罗锅卤肉"被评为河南省食品系统优质产品。

（新乡市档案馆供稿）

◆1980年,河南省召开名点风味小吃展销会,牛忠喜打的烧饼被评为省优质产品,正式命名为"牛忠喜烧饼",成为新乡市名产品之一,1989年获商业部金鼎奖。烧饼特色:松酥起层、外焦里软、香而不腻、不结硬核,冬季存放一个月仍保持原味。这样的烧饼炉一直延续至今,仍有在用。

(新乡市档案馆供稿)

◆蒋嘉华从九岁开始,每天送六岁的钟丽敏上学,六年如一日从不间断。

◆二十世纪七八十年代,百姓出行的主要交通工具——自行车。在计划经济时代,买辆上海产"凤凰""永久"紧俏名牌自行车都需凭票,甚至有批条才能购买。由于市场需求量大,为此各省市纷纷建立自行车生产厂。

◆20世纪80年代,市民百姓的生活街景。

◆一起学《毛泽东选集》。

二十世纪六七十年代,毛泽东著作是每一个中国人的必学书、想学书。

◆一起蒸馍。

学校、工厂等集体单位都有自己的伙房。每天上下班的人或在单位食堂吃顿饭,或买些馒头带回家中。

◆二十世纪七八十年代,老师傅培训制镜工人,工人们在认真学习。

◆小北街粮站服务车。

二十世纪七八十年代，新乡市粮油系统先进单位、市五一劳动奖章获得单位——小北街粮站，几乎每天都有便民服务车将粮、油送到孤、寡、老困难户等需要帮助的家庭门前。

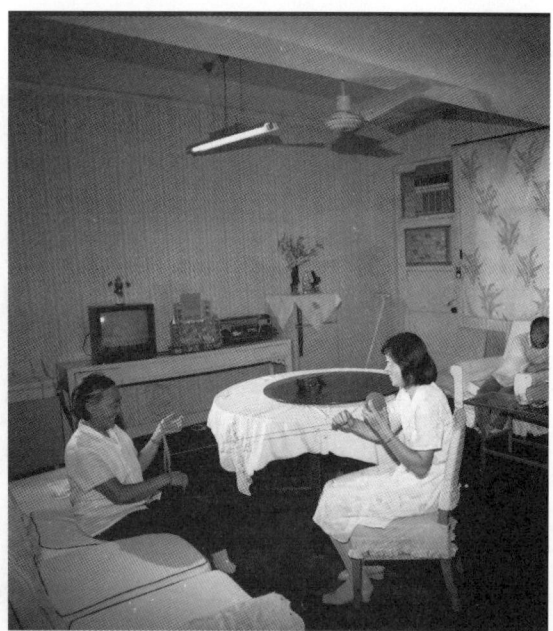

◆1980年代老百姓的家庭生活。

◆买冰棍。

◆1980年代初的全民广播操。

◆1981年2月,全国总工会、团中央、全国妇联等九个单位,联合倡议在全国人民,特别是青少年中开展以讲文明、讲礼貌、讲卫生、讲秩序、讲道德和心灵美、语言美、行为美、环境美为内容的"五讲四美"文明礼貌活动。该倡议得到了党政部门的大力支持,受到全国人民的热烈拥护。此后,这项活动又和"三热爱"(热爱祖国、热爱社会主义、热爱党)活动相结合,活动迅速在全国开展起来。1983年,从中央到地方都分别成立了"五讲四美三热爱委员会"。使这一遵守行为规范、提高文明素质的全民活动更加深入、科学地开展起来。图为1983年全市开展的"遵守市民行为规范,提高市民文明素质"集中宣传活动会场。

(郑敏锐供稿)

◆孟营军民合作医疗站毛泽东思想学习班

◆民俗之耍龙灯、划旱船。

◆民俗之扭秧歌。

◆民俗之舞扇子。

◆20世纪80年代初春节、元宵节民俗街会。每到正月十五元宵节，各个单位都会将精心排练的节目展示在十里长街和路边广场上。每年的当天，有街会的大道上，人山人海。有些中午下班回家的职工直到下午两三点才能从拥挤的人群中走出回到家中。

◆民俗之舞狮子。

⑤ 人文风尚

◆新乡市工人文化宫广场,位于北干道(今宏力大道)与胜利路(今胜利街)交叉口,1968年修建北干道时所建,广场中心建有宣传塔一座。1984年,广场进行扩建,面积达4534平方米,绕塔修广场花坛,铺设喷灌设备,四周竖有灯柱。

◆新乡市青少年文化宫(今平原路安监局大楼东邻)。1980年初建于平原路平原桥东南方向的一座院落。

◆新乡市群艺馆初建时景象。

1949年5月7日,新乡市人民政府文化接收组接管民众教育馆,同年8月,改建为人民文化馆。1969年人民文化馆与市图书馆、博物馆、工人文化宫合并,成立毛泽东思想宣传站,1973年恢复人民文化馆建制。1984年7月,人民文化馆更名为新乡市群众艺术馆,内设办公室、辅导部、编辑部、调查研究部和经营服务部。

◆1970年代的原人民文化馆旧址(今卫河公园内)。

◆中正礼堂（位于老市政府北院）。1945年8月，日本投降后，国民党新乡县政府拆除日军城南庄棉花仓库，用其建筑材料于同年冬建成中正礼堂。新中国成立后，一直到1980年代初期这里都是新乡市委、市政府开大会的场所。

◆暴张公园。1924年,为纪念同盟会会员暴质夫、张宗周而建,是新乡最早的公园。它北临卫河,南对姜庄大街,东邻静泉中学(今卫生学校),西与图书馆隔河相望。园内建有五间民族风格的纪念堂,堂后为两人的衣冠冢,堂西北建有双层八角亭一座。1938年公园被日本侵略者改作陆军医院。解放后,曾为平原省军区司令部。现为新乡武警部队驻地,原公园纪念堂尚存。

◆卫河公园。扩建于1953年的新乡市卫河公园,成为新乡市第一座大型休闲人民公园。

◆卫河公园位于新乡市区中心,坐落于卫水河畔,初建于1924年,是为纪念辛亥革命时期追随孙中山参加革命直至牺牲的暴质夫、张宗周二位烈士修建的,原名为"暴张公园",它是新乡市最早的公众公园。1953年4月进行了大规模地扩建和改造,更名为"人民公园""文化公园",后来之所以又称为"老公园",是相对于20世纪60年代新建的"新乡市人民公园"而言。

◆1953年5月4日的卫河公园沙盘模型。
（新乡市城市建设档案馆供稿）

◆卫河公园风景。
（新乡市城市建设档案馆供稿）

◆新乡市人民公园，1958年筹建，1964年建成开放，是全市规模最大的综合性公园。人民公园东临和平路，西接健康路，南临南干道，北靠老城区。占地面积729亩。西门横额"新乡市人民公园"七字系郭沫若1956年题写。

◆金龙四大王庙,位于市北关街东头,建于明代。现存月台、大后殿、配房,配房与大殿形成四合院。　　　　　　　　　　　　　　　（图片来自:《卫河记忆》）

◆新乡市关帝庙,位于今新乡市东大街。始建于元朝至元元年(1264年),明万历五年(1577年)重修,清乾隆十一年(1746年)知县赵开元改建。2012年由新乡市春秋置业有限公司在旧址基础上复建。关帝庙坐北朝南,为仿宫殿式建筑群。现存有山门、钟楼、鼓楼、东西厢房、春秋楼,共占地2000多平方米。民国初期,曾与岳飞合祀,故又称"关岳祠"。1962年被列入新乡市文物保护单位。

◆新乡市东岳庙，道教庙宇，位于河南省新乡市东关，始建于五代后唐清泰二年（公元935年），宋、金、元、明各代均有重修。一千余年间，经过历代的维修曾达到相当规模。日寇占领时期，还有过一次新乡民众的激烈"保庙"抗争，阻止了敌伪将精美的庙宇建筑构件拆下运回日本的企图。到20世纪40年代末，残缺的东岳庙做过一段新乡县中学的校舍。解放后，东岳庙又先后成为平原省（1949-1952年存在过一段的省建制）财经学校和新乡平原路小学的校址。进入20世纪80年代，新乡市重修了东岳庙并将其确定为市级文物保护单位。现存建筑有大殿、拜殿及门楼等，皆为清代所建。

◆新乡市东关清真寺位于红旗区东关街中段,是该市最早的伊斯兰教建筑,始建于明朝,重建于清朝咸丰三年(公元1853年)。寺院占地一千多平方米。在党和政府的支持下,清真寺为了进一步与社会发展相适应,不断加强寺管会班子建设,注重政策法规和教义教规的学习,规范管理,大力弘扬伊斯兰教爱国爱教的优良传统,连续多年被评为先进模范清真寺。

◆河朔图书馆，位于市区一横街1号卫河公园内，占地约50亩，四面环河成一洲形。东、西、南三面有桥梁通外界。北依假山，花木郁香。1933年始建，1935年8月建成，是20世纪30年代新乡"四大建筑"之一，也是新乡市保存较为完整的一座近代建筑物。

（新乡市档案馆供稿）

◆位于卫河公园内的原新乡市人民文化馆。
（新乡市城市建设档案馆供稿）

◆1952年新建的豫北电影院（1980年改为豫北戏院），位于解放路（今解放大道）。
（新乡市城市建设档案馆供稿）

◆1957年新建的市建电影院，位于北干道（今宏力大道）中段。
（新乡市城市建设档案馆供稿）

◆1957年新建的人民影剧院,位于胜利路(今胜利街)中段。

(新乡市城市建设档案馆供稿)

◆1958年建立的文化宫电影院,位于北干道(今宏力大道)中段。

◆1958年建立的新乡铁路俱乐部，1965年开业，位于西干道（今西华大道）南段。

◆1969年建立的平原电影院，位于解放路（今解放大道）中段。

◆1979年建立的燎原俱乐部,位于解放路(今解放大道)北段。

◆1982年对社会开放的军分区礼堂,位于人民路中段。

◆新苑影院，坐落于健康路与胜利路（今胜利街）交会处东北侧。1982年9月1日开工，1984年12月竣工。

◆1982年建立的杨岗电影院，位于和平路（今和平大道）北段。

◆《淘金记》新乡人看的第一部电影。

1930年新乡的静泉学校组织放映了美国无声电影《淘金记》,这也是新乡民众所接触到的最早的外国电影,从影像中看到了外面的世界,开阔了他们的视野。

◆1980年代前的影剧院座椅。

◆新中国成立以前,新乡市辖区内有10家电影院,主要分布在现在的解放路等一些早期经济繁华的地段,其中4个在新乡解放之前就已经停业,1949年的时候,全市的电影院仅剩下一家。新中国成立后,在1950年代中后期,新乡市为丰富市民文化娱乐生活,着力修建影剧院。到1965年底,全市共有影剧院16个,观众座位总数约1.76万个,初步缓解了新乡市人民群众看戏、看电影困难的问题。1985年底全市电影院、影剧院、开放俱乐部和礼堂达到29个。

◆1984年12月29日，新乡市电视转播台改为新乡电视台。图为新乡电视台播出部。

(李青春供稿)

◆庆祝新乡电视台建台五周年。1981年7月，新乡市电视转播台在市东郊破土动工建设，1982年8月，机房、发射塔等陆续建成。1984年12月29日，新乡市电视转播台改为新乡电视台，内设办公室、采编制作部、机务部。1985年底，经国家广播电视部批准，新乡电视台正式成立，并迅速发展壮大。

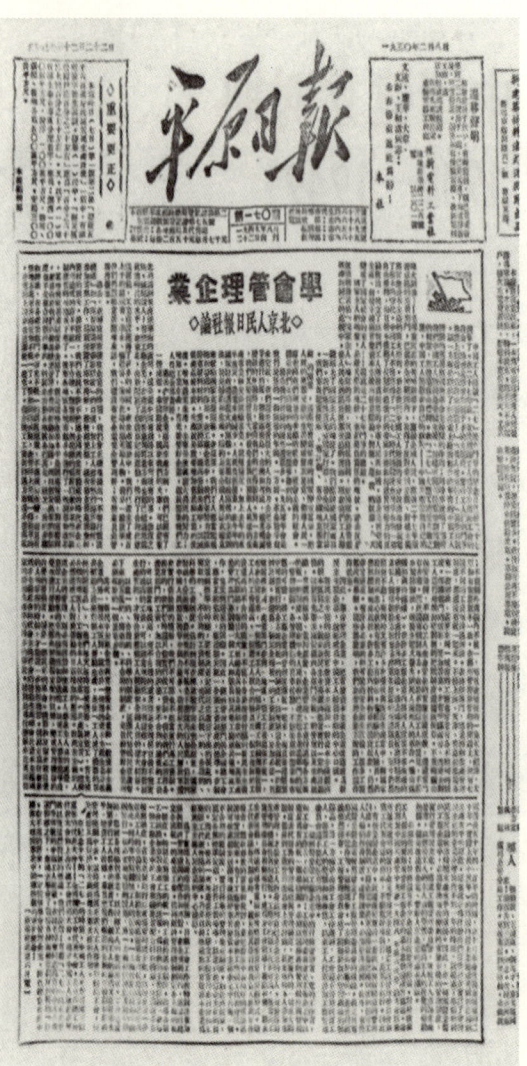

◆ 1950年2月8日的《平原日报》

《平原日报》是中共平原省委机关报，1949年8月22日创刊，初为四开四版，1951年5月1日起，改为对开四版，日发行量6万余份，最高达8万份。1952年11月，《平原日报》随着平原省的撤销而终刊。

（新乡市史志馆供稿）

◆《新乡日报》创刊

《新乡日报》于1956年7月1日创刊，是新乡市委机关报。1961年2月1日停刊，1982年复刊，1982年7月1日以《新乡晚报》试刊，1982年至1992年为《新乡晚报》阶段，1993年1月1日，改为《新乡日报》。

（新乡市史志馆供稿）

◆1983年3月1日,《新乡晚报》总第1期正式发行。

(李青春供稿)

◆庆祝《新乡晚报》创刊一周年纪念会。
（新乡日报社供稿）

◆50年代新乡日报社记者编辑。

（新乡日报社供稿）

◆80年代初，田纪震市长视察新乡日报社。

（新乡日报社供稿）

◆80年代初期的新乡日报社记者编辑。前排左二为李宝琴,三排左七为史国新。

(新乡日报社供稿)

◆1983年3月20日，新乡日报社记者到百泉采风。
（新乡日报社供稿）

◆为报纸服务的各个工序。有拣字、排版、校对,还有压版、铸版、印刷,形成了一条龙作业。　　（新乡日报社供稿）

◆职工在拣字房拣字。
（新乡日报社供稿）

◆报社夜班编校人员在校样。
（新乡日报社供稿）

◆工作人员在分拣报纸。
（新乡日报社供稿）

◆《新乡日报》的印刷车间。
（新乡日报社供稿）

❻ 教育医疗

◆新乡市一中，是在原河南省立新乡中学与原太行行署公立新乡中学合并的基础上发展起来的，名为新乡中学，校址位于南干道（今金穗大道）中段。1958年12月改为新乡市第一中学。1979年受到国务院嘉奖，1982年被评为省先进单位，1984年被市人民政府评为"文明学校"。

◆1945年10月，太行五联中原址——林州上庄村，师生共同建校。

◆1949年5月4日,五四纪念大会新中宣传队战斗舞留影。

◆1949年太行第五联合中学校过江干中学员留影。

◆新中歌咏队"五四"竞赛优胜纪念。

国务院嘉奖令
新乡市第一中学在社会主义建设中成绩优异，特予嘉奖，此令。
国务院总理华国锋
一九七九年十二月

◆1949年11月,平原省立新乡中学学生会成立大会。

◆太行五联中墙报。

◆新乡市第二中学（原辅豫中学），位于平原路西段。私立辅豫中学历史不长，规模也较小，1951年7月1日平原省人民政府下令接办了辅豫中学，改名为平原省新乡市市立中学，1952年又更名新乡市一中，平原省撤销后更名为新乡市第二中学，建址于和平路（今和平大道）北段。

（新乡市第二中学校史馆供稿）

◆1951年7月10日,新乡市中学高初中部毕业全体师生合影。

◆1952年7月20日,新乡市一中第一届初中毕业生合影

◆1954年新乡市第一初级中学第四届毕业生合影。

◆新乡市第二中学（原新乡市第一初级中学）校内原苏式砖木教学楼（1953—2001年存在）。

◆新乡市三中,其前身是私立静泉中学,位于新乡市荣校路45号,1930年8月由同和裕银号总经理王静澜(王晏卿)捐资、乡绅郭泉林出地建立。校名取王静澜的"静"字和郭泉林的"泉"字组成,故名曰"静泉中学"。1951年11月5日,经平原省人民政府批准,私立静泉中学由新乡市人民政府接办,改名为新乡市第二初级中学。1958年改为新乡市第三中学。

(新乡市第三中学校史馆供稿)

◆新乡市三中学生在认真上课。　　　　　(新乡市第三中学校史馆供稿)

◆新乡市第三中学教师文艺宣传队。

◆1964年，六中党支部欢送李春祥同志留影。

◆图为1961年6月新乡市静泉学校（现新乡市第三中学），初三一班留念，前排左一为该班音乐老师宝翠英，如今已95岁，依然健康。

◆1974年，新乡二中女子手球队欢送张笑英同学留念。

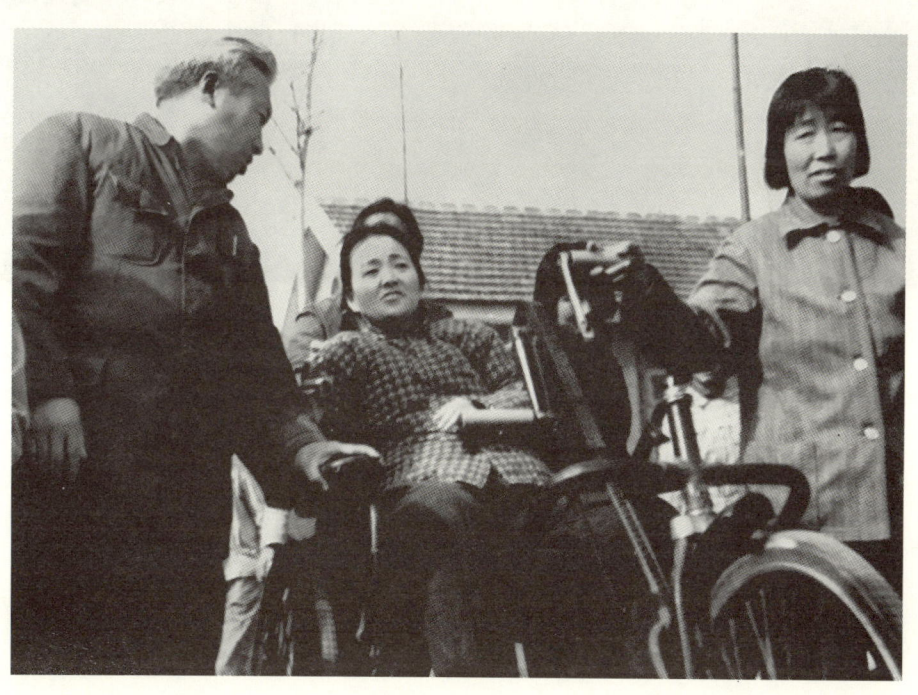

◆原辅豫中学军乐队。　　　　　　　　　　（新乡市第三中学校史馆供稿）

◆张海迪式的科技工作者——郝素青（1962届校友）回母校三中作报告。

郝素青的感人事迹，当时的《新乡晚报》曾以长篇通讯《交出人生一份满意的答卷》给予重点报道，在社会上引起了强烈的反响。

（新乡市第三中学校史馆供稿）

◆新乡市第四中学。

1943年初，新乡县商会会长路文甫，利用他经营"花行"所赚的四万块钱开办"三育中学"。1946年2月，河南检查使郭仲隗，经向河南教育厅备案批准，接收了在战乱中完全瘫痪的"三育中学"校舍，改办私立"河朔中学"。河朔中学于1952年9月被国家正式接收，改名为新乡市第三初级中学。1959年改为新乡市第四中学。

（新乡市第四中学校史馆供稿）

◆河朔中学师生留影

河朔中学,原私立三育中学,建于1944年8月,位于北关信义油房,1946年改为河朔中学(新乡市四中前身)。

◆卫辉一中侨生课余生活

20世纪60年代中后期，缅甸当局掀起一股反华浪潮，侨居缅甸的同胞备受凌辱，尤以青年学生为最。他们不堪忍受缅甸当局的虐待，纷纷回祖国避难。1968年，一部分爱国华侨学生（以下简称侨生）到云南省昆明市接待站集结。8月，汲县（今卫辉，下同）县政府奉上级指示派人前往昆明，将59名侨生辗转接至汲县第一中学学习（其余侨生分别被安排到辉县百泉中学和山西侯马中学）。高中毕业后，这批侨生先后被分配到汲县机械厂、华新纱厂等工厂工作。后来他们有的又陆续回到缅甸，有的到港、澳、台地区，有一部分去往欧美等国家定居，侨生当中只有黄素兰一人留了下来。2008年黄素兰回到母校，将一批珍藏的老照片捐赠给了学校。

据黄素兰介绍，尽管当时祖国还很贫穷，但地方政府和学校对他们非常关心，每月发给生活费，冬天发给棉衣棉被，节假日还组织外出旅游，他们很快就从思念亲人的阴影里走了出来。他们在课余时间或收听无线电广播，或弹吉他，从照片上可以看出来他们生活得很充实、很愉快。

（殷维华　供稿）

◆卫辉中学慰劳志愿军休养员大会。
（卫辉市档案馆供稿）

◆育才幼儿园上音乐课。

　　育才幼儿园是新乡历史最久、规模最大、保教质量较高的一所幼儿学校。它的前身是冀鲁豫边区行署保育院。1952年11月平原省撤销后，改名为河南省育才幼儿园。1956年3月，新乡市直幼儿园并入，改名为新乡市育才幼儿园。1965年更名为新乡市健康路幼儿园。1977年恢复新乡市育才幼儿园名称。

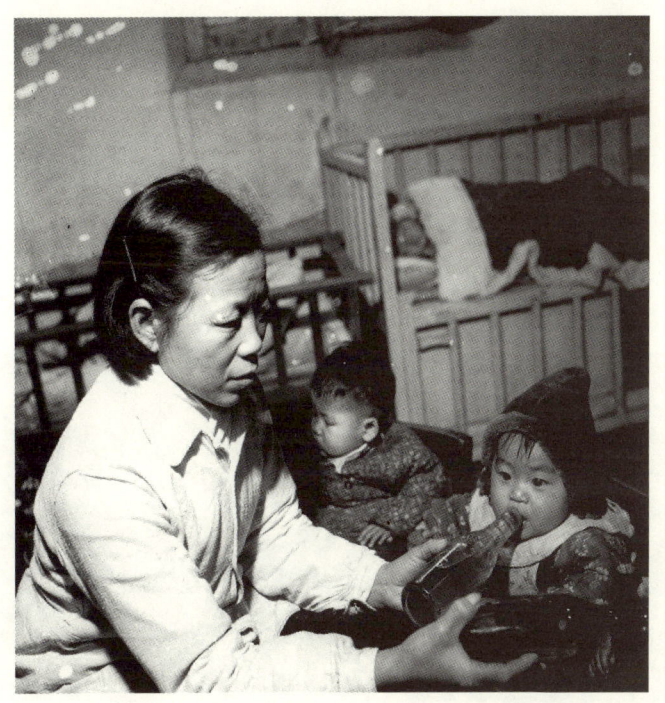

◆企业生产繁忙，职工无暇顾及家庭，就将幼儿、婴儿送到厂里的幼儿园、托儿所。那个年代几乎所有的中型以上企业都建有幼儿园、托儿所。图为托儿所阿姨照看小朋友。

◆新乡市第二中学74年初中一班学生张笑英（左上一），是恢复高考后新乡市首位考上广州中山医科大学的学生，毕业后赴美国攻读医学硕士和博士。1990年因意外车祸去世，时年32岁。

朱进霞（左下一），1974年新乡市二中初中一班学生，后美国留学归来，现为北京首都医科大学博士生导师，在世界医学界很有名望。

◆1974年，在"一人参军，全家光荣"的年代里，新乡市第二中学刘志成同学经过层层选拔，最终成为一名中国人民解放军空军飞行员（二中首位空军飞行员）。图为校领导和师生欢送刘志成同学入伍合影。（二排中间为刘志成，原新乡市公安局机关党委书记）

◆1984年春，新乡市举行中学田径运动会。

◆1952年的平原师范学院教学楼之一。

平原师范学院,前身是始建于1923年的中州大学,平原省成立后,于1950年10月建设"平原大学"。1951年3月改为平原师范学院。1952年平原省撤销后,学校先后历经河南师范学院、新乡师范学院阶段。1985年,更名为河南师范大学,学校设7个系,12个专业。

(新乡市城市建设档案馆供稿)

◆河南师范大学(前身新乡师范学院)一个系的教研室,老师们研讨备课瞬间。

◆新乡师范学院（今河南师范大学）师生集会。

◆1983年的新乡市第一人民医院大门。

◆1979年至1983年的新乡市第一人民医院门诊大楼。

◆新乡市第一人民医院,其前身为新乡县立医院,位于一横街70号,建于1936年,先后易名为新乡县卫生院、河南省第四行政区公立医院、河南省新乡公立医院、新乡市立人民医院,1958年改称现名。1985年有职工696人,设急诊科、外科、小儿科等26个科室。

(新乡市史志馆供稿)

◆1955年至1979年的新乡市第一人民医院门诊部。

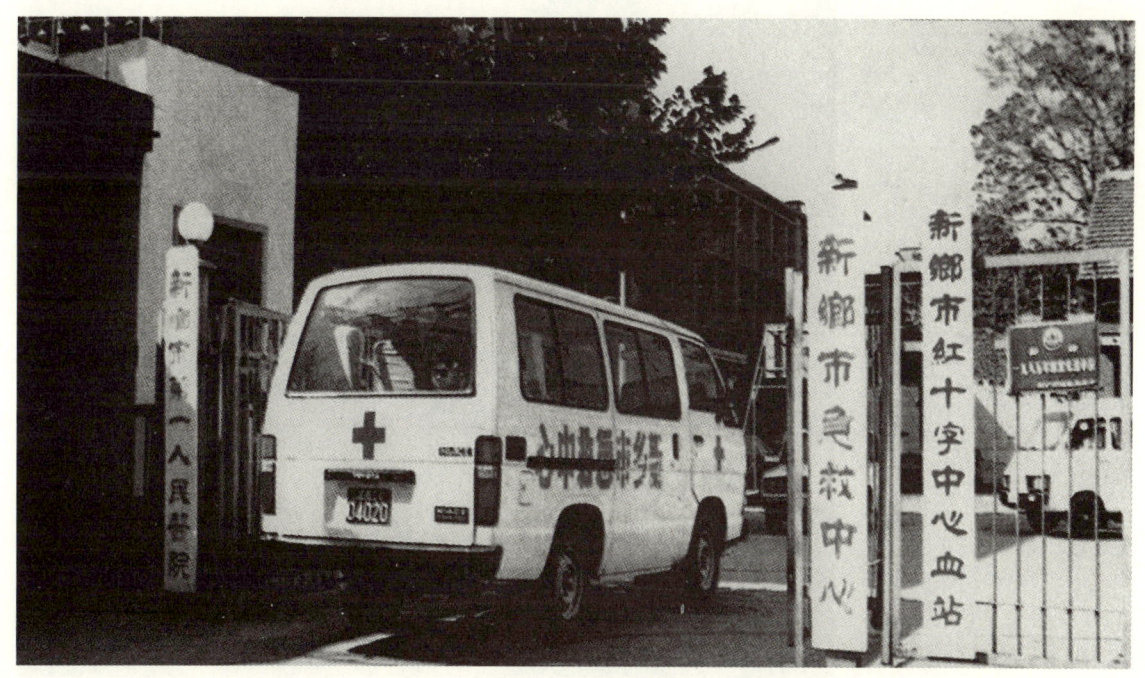

◆新乡市第一人民医院大门。

◆1982年的新乡市第二人民医院原南院门诊部大门。

（新乡市史志馆供稿）

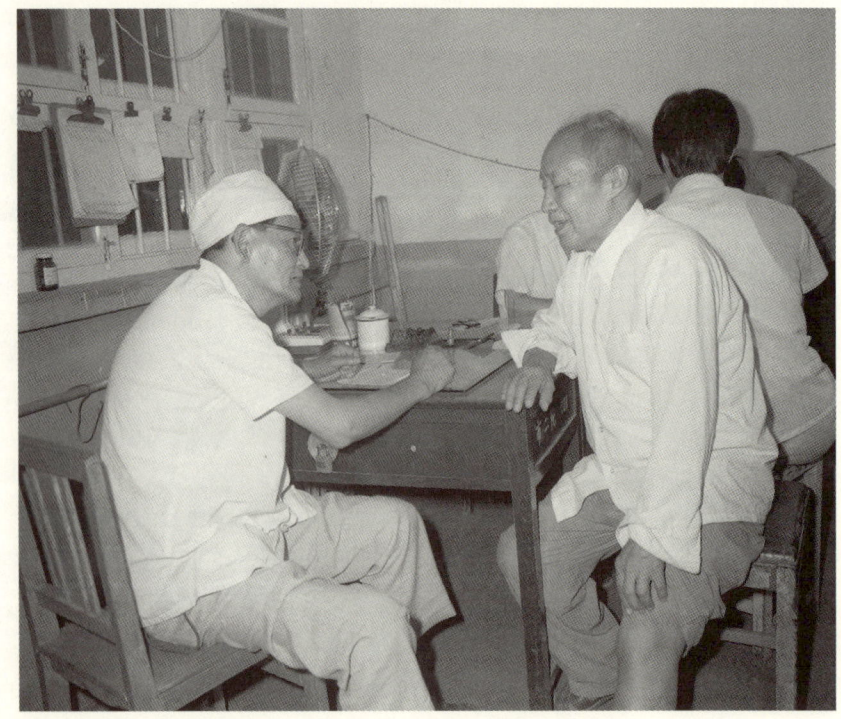

◆新乡市第二人民医院位于北干道（今宏力大道）中段，其前身为市工人医院，建于1952年，1958年改称新乡市第二人民医院。1985年有病床429张，职工514人。设急诊科、内科、外科、消化科、烧伤科等14个科室。

◆新乡市第三人民医院，位于北站区（今凤泉区）宝山路。1972年开诊，1985年有职工179人。设外科、内科、妇产科、中医科等7个科室。

◆1983年的新乡市妇幼保健院大门。

新乡市妇幼保健院，其前身为1950年3月成立的平原省妇幼保健所，位于和平路（今和平大道）中段。先后易名为平原省妇幼保健院、新乡市妇幼保健实验院、新乡市妇幼保健院、新乡市产科医院、新乡市妇产科医院，1981年4月改称现名。1985年有病床200张，设妇科、产科、儿科等5个科室。

（新乡市史志馆供稿）

◆1952年的平原省妇幼保健院大门。

◆新乡市中医院，位于向阳路中段北侧。1981年6月1日建成开诊。1985年有病床200张，职工158人，设内科、外科、骨科等10个科室。

◆中国人民解放军三七一医院，位于文化路中段东侧，其前身为河南省公安医院，1966年9月改称现名，1968年由郑州迁到新乡。主要收治豫北部队的伤病员，1985年有工作人员365人，设内科、外科、妇儿科等10个科室。

◆1956年的卫北医院，位于北干道（今宏力大道）中段。

◆基督教惠民医院

1896年，英国人劳海德在卫辉开办西医诊所。1903年，在该诊所基础上建成博济医院。1920年，医院扩建后更名为基督教惠民医院。1922年，加拿大人维特立夫创办惠民医院护士学校，招收四年制护理专业学生并由中华护理学会（1923年名为中华护士会）颁发文凭，成为学校教育教学史的开端。1949年，冀鲁豫行署卫生学校和哈利逊医院从山东迁入卫辉，与惠民医院及护士学校合并，并接收解放军第三机动医院部分医护人员和干部，1950年成立平原省医科学校。

1952年11月，平原省撤销，学校由华北行政委员会接管，更名为华北第二医士学校。1953年9月，河南省人民政府决定，将郑州第一医士学校、南阳第二医士学校、安阳卫校、濮阳护士学校及华北第二医士学校的附属医院等单位合并，在华北第二医士学校老校址，成立河南省汲县医士学校。

1956年7月，省卫生厅决定，河南省汲县医士学校更名为汲县卫生学校。1958年3月，河南省汲县卫生学校更名为新乡专区医学院，隶属新乡专区领导；8月，学校升格为高等医学专科学校，开始招收专科生。1959年9月，新乡专区医学院更名为河南省汲县医学专科学校。1962年，学校更名为豫北医学专科学校。1982年11月，学校升格为本科，定名为新乡医学院。

（新乡医学院第一附属医院院史馆供稿）

◆惠民医院男女门诊。　　　　　　　（新乡医学院第一附属医院院史馆供稿）

◆惠民医院工作人员合影
　（前排左三艾德、左九杜儒文、右三盖麻姑、右五艾德夫人、右六雷润田）

◆原河南省结核病医院副院长徐文杰、刘素芳夫妇合影照。
（新乡医学院第一附属医院院史馆供稿）

◆惠民医院医护人员合影。
（新乡医学院第一附属医院院史馆供稿）

◆1960年11月13日，汲县医专首届护士一班毕业。
（新乡医学院第一附属医院院史馆供稿）

◆1961年10月份,原阳县选拔出的各学校优秀青年教师到汲县(现卫辉市)师范学校(现为新乡市第一师范学校)进行为期两年的培训。照片是师训班全体党员合影。

二排左一是其中最年轻的杨桂梅老师,20岁。

◆六十年前的新婚照。

年轻伉俪——杨桂梅和娄纪礼。两人从小青梅竹马。当年,还在北京航空技术学校读书的娄纪礼,寒假回乡探亲,专程去看望、陪伴在汲县师范参加师训的新婚妻子,并合影留念。此照片见证了两位携手相伴60年的钻石婚岁月。二老虽年逾八旬,仍身体康健。

7 企业风采

新乡影像丛书

新乡岁月

◆通丰面粉厂。始建于1919年，由安徽人孙多森等集资银洋50万元，在卫河北岸东兴里兴建，占地90余亩。1938年2月，新乡沦陷，通丰面粉公司被日军侵占。1938年12月23日遭大火，粉楼全部烧毁。1939年8月重建后至1945年8月间，由日本人经营。抗战胜利后，移交给国民党31分监部。新乡解放前，该厂处于瘫痪状态。1949年5月新乡解放后，市军事管制委员会接管通丰面粉公司。7月15日，部分机器投入生产，日产面粉70袋。后随着城市发展，通丰面粉公司转为国营新乡市面粉厂。

◆新乡市通丰面粉厂卫队成立，摄于1949年10月1日新中国成立当天。

（田润民供稿）

◆1970年代的中原棉纺织厂设计室,设计员正在绘制图样。

◆1980年的中原棉纺织厂,又称中原纱厂。

1950年5月,上海诚德纺织厂迁至新乡,与华北军区后勤生产部组成公私合营中原纺织股份有限公司。无锡公杂纱厂和开封织布厂,于1950年和1954年也先后迁至新乡并入该厂。其企业性质、工厂名称及隶属关系经多次改变,1966年,由公私合营转为国营全民所有制,1980年改名为中原棉纺织厂。

◆新乡棉织厂，其前身是上海市正大针织厂、上海市永盛显记染厂和上海市中原染织厂。1956年，这三个厂内迁合并成立新乡市棉织厂，该厂是一个以生产床单、毛巾为主要产品的中型企业。1957年3月8日，投入生产，当时主机设备仅有陈旧机器39台，职工总数为647人。

◆新乡市棉织厂纺纱车间里进行产品检验。

◆自力更生，艰苦奋斗，工人在一线车间工作生产。

◆新乡市丝绸厂是河南省丝绸行业的重点生产厂家，1966年筹建，1967年投产，1986年全厂职工1300余人，拥有各种主要丝织设备240台。该厂从丝织准备、织造、炼染到印花、涂层等各工序配套齐全，工艺先进。当时主要产品有速绨被面、纯棉丝被面、软缎被面、合纤花软缎、羽绒绸、锦塔夫、涤纶华达呢、美丽绸、新华绸、寿衣绸、羽丽绒以及各种涂层产品50多个品种500多个花色。

◆1980年的华新纱厂。1919年3月,周学辉、王筱汀等12人在汲县县城创办华新纱厂。1921年7月,第一批机器进厂,同年9月,开始安装。1922年3月22日开始试车,同年7月,正式投产。以中、低支纱为主,注册商标"绿竹""红杏"等。

◆新乡市印染厂,是河南省第一家用机器生产印花布的企业,也是中南地区较早的印染厂家之一。该厂1953年10月筹建,1954年8月投产,其产品花色品种繁多,规格比较齐全,主要分纯棉和涤棉两大类。1985年时该厂拥有固定资产价值3903万元,印染能力9750万米。

◆1956年,年仅22岁的上海姑娘卫祖英作为原上海正大袜厂的一名职工,同上海中原毛巾床单厂、永盛丝光厂等一大批青年职工,满怀激情支援内地建设,随厂迁到新乡棉织厂,中原纱厂,新乡针织厂工作。

在这一大批青年职工中,仅新乡棉织厂一家就多达千余人,他们在新乡这片土地上挥洒着青春,给中原大地带来"江南风",成为当时新乡一道靓丽的风景线,与勤劳的新乡人民一起建设新乡。

目前87岁的"上海姑娘"卫祖英仍在精神矍铄的关注着新乡发展。夏隆伯是卫祖英丈夫,随卫祖英一起内迁到新乡市卫生系统工作,生前是新乡市职业病防治研究所副所长,全国著名职业病专家。已故四年。

◆1980年的新乡保温瓶厂。

新乡保温瓶厂建于1956年，是轻工部定点生产保温容器的专业厂，系全民所有制企业。1986年该厂主要生产"金鸡"牌5号彩花铁壳瓶、5号气压瓶、5号塑壳瓶、3号保温饭盒、1号小口保温瓶和保温杯等数十个花色品种。其中5号保温饭盒1980年荣获全国轻工业产品包装装璜奖；5号保温瓶胆1983年、1984年两次获全国同类产品质量评比第一名；5号彩花铁壳瓶1984年获全国同类产品质量评比第二名，1986年被评为省优产品。当时"金鸡"牌保温瓶远销苏联、东南亚等国家和地区。

◆ 新乡市皮革公司开业典礼。

新乡市皮革工业包括制革、皮鞋、皮制服装3个行业。有新乡市制革厂、新乡市皮鞋厂、新乡市皮件服装厂3个企业。1985年末共有职工1300人，年总产值3423万元，销售总额2900万元。

◆ 产品质量闻名的新乡皮鞋厂。

◆ 新乡市电池厂，始建于1950年，1988年经河南省计经委批准，以电池厂为主体成立中华电池联合企业集团。该厂生产的"中华""百灵""飞燕"3个品牌的电池先后荣获北京国际博览会金奖、全国轻工产品博览会金奖、河南省兴豫杯金奖，还荣获7个"部优""省优"奖。

◆新乡市无线电总厂，建于1968年5月，位于北干道（今宏力大道）中段，是河南省地方电子企业重点厂家之一，1984年末职工共967人。

◆车间里的生产场景。

◆新乡树脂厂，1966年，国家第二轻工业部及省、市协同投资在新乡市北站区（今凤泉区）筹建新乡市树脂厂。1968年12月建成投产，为市二轻局所属企业。

◆新乡市钢管厂，其前身为新乡市钢厂，位于和平路（今和平大道）北段。1970年7月开始筹建，1970年12月建成，1971年5月投产。1981年1月1日起，改为新乡市钢管厂。1982年底，有职工1393人，工业总产值2167.4万元。

◆河南新飞电器集团，其前身为1980年代的无线电设备厂，1984年改新乡电冰箱厂。

◆1985年，新乡市第四水厂送水典礼。

◆国营七六〇厂位于新乡市解放路（今解放大道）北段，是原电子工业部直属的生产通讯广播电视设备的无线电整机厂，也是电子工业部确认的电视机、收录机及调谐器的定点生产厂家和河南省第一个生产彩色电视机的企业。该厂创建于1956年，1958年12月12日正式投产。

◆新乡航空啤酒厂（前身为新乡市酒厂），位于胜利路（今胜利街）北段与北干道（今宏力大道）交会处，建于1952年8月，1953年8月投产。1985年有职工842人，固定资产原值1036.9万元，主要生产白酒、露酒、啤酒。

◆新乡机床厂，其前身是私营维新铁工厂，创办于1947年7月，厂址由平等路迁至民主路（今姜庄后街），1957年政府投资在北干道（今宏力大道）东段建新厂，同年11月又由解放路（今解放大道）北段迁至新厂生产。1958年有职工1246人，拥有各种机床53台。1959年1月由新乡市人民政府批准转为地方国营，厂名改为新乡市大型机床厂。

◆新乡市水泥建材厂，位于新乡市北站区（今凤泉区）东北部，1974年3月10日开始建设，11月15日建成投产。

◆豫北造纸厂。

◆造纸厂生产车间里,工人们在生产。

◆石榴园医药门市部。

（新乡市史志馆供稿）

◆新乡市医药公司

1953年初成立河南省新乡市医药支公司，1956年改为新乡市医药公司，1958年改为新乡市商业局医药经理部，1960年又改为新乡市医药公司，此后分别受商业局、卫生局、医药局领导。1984年初，因行政体制改革，原市医药局撤销，改为市医药总公司，负责全市（包括市辖县）的医药生产和供应工作。

（新乡市史志馆供稿）

◆新乡市制药厂。
1969年在原新乡市蛋品制造厂的基础上转产改建新乡市制药厂，位于北干道（今宏力大道）西段，南临卫河牛村、北靠共产主义渠、西近西王村、东临新辉公路。1985年底，有职工665人，是河南省医药生产重点厂之一。

（新乡市史志馆供稿）

◆新乡市华星制药厂，始建于1985年，当年建成并投产，经历了从无到有、从小到大、从大到强的发展历程。

◆1952年的环城商场一部。

(新乡市城市建设档案馆供稿)

◆新乡市卫北商场，位于胜利路（今胜利街）与北干道（今宏力大道）交叉路口西北角。1957年筹建，1958年2月17日开业。

◆卫北商场全貌。

（新乡市城市建设档案馆供稿）

◆新乡市平原商场，位于平原路与解放路（今解放大道）交叉路口处。1956年筹建，1957年7月1日开业。

◆新乡市百货商店（大楼）零售部胶皮日用组在1954年获得了团体劳动模范荣誉称号留影。百大胶皮日用组获得的集体荣誉，是1952年开业以后，由市政府颁发的第一个集体荣誉称号。

（新乡市百货大楼供稿）

◆新乡市百货大楼，位于胜利路（今胜利街）与平原路交叉口。1950年，由平原省商业厅、平原省百货公司投资筹建，1952年7月1日开业。

◆新乡电力生产始于1920年（新乡通丰面粉厂自办，用于生产照明）；1924年道清铁路新乡东站办电厂；1933年10月同和裕在民主路安装145千瓦发电机，供城关和少数工厂照明生产；1940年侵华日军在中兴厂安装发电机，总容量为2000千瓦；1933年创建的新乡水电股份有限公司145千瓦发电机厂房；1949年9月新乡电厂开始发电，1953年发电总容量为3000千瓦；1949年10月恢复新乡火电厂发电机房。

◆1960年的新乡电厂。

◆解放前老电厂一角。
（新乡市城市建设档案馆供稿）

◆新乡火电厂位于新乡市北站区（今凤泉区）宝山路东段，距市中心12.5千米，北靠太行山余脉凤凰山，南临京广铁路，交通便利。该厂1965年5月筹建，1969年底建成投产，安装三台中温中压锅炉，总蒸发量720吨/时；3台5万千瓦氢冷发电机，均为国产设备，装机容量15万千瓦，每天耗原煤2000吨，发电360万千瓦时，分别通过4条110千伏和6条35千伏输电线路送入华中电网和新乡地区。

热烈庆祝新乡市工业学大庆会议胜利

◆1969年,新乡市工业学大庆经验交流会胜利召开。

1963年底,中国开发了大庆油田,不仅结束了中国人靠"洋油"过日子的时代,更培养出一支有组织纪律、能吃苦耐劳、能打硬仗的石油工业队伍。1964年2月5日,中共中央发出通知,号召全国其他部门学习大庆油田的经验。1964年2月13日,毛泽东主席在人民大会堂的春节座谈会上发出号召:"要鼓起劲来,所以,要学解放军、学大庆。要学习解放军、要学习石油部大庆油田的经验,学习城市、农村、工厂、学校、机关的好典型。此后,"工业学大庆"的口号在全国传播。不可否认,"工业学大庆"运动确实为中国的工业带来了良好的经济效益,还产生了一些大庆式的企业。

8 时代人物

◆ 徐世昌

今河南卫辉人,北洋政府大总统,清末协助袁世凯创办北洋军,曾任东三省总督、邮传部尚书。1914年出任北洋政府国务卿,1918年至1922年被段祺瑞控制的"福安会"选为北洋政府第五任总统,是北洋政府唯一一位文人出身的总统。在位近四年,任内历经"五四"运动等重大历史事件。直奉战争后下台,曾反对袁世凯称帝。抗日战争期间,坚持民族气节,不做汉奸。善工书画,著有《归云画诗集》。

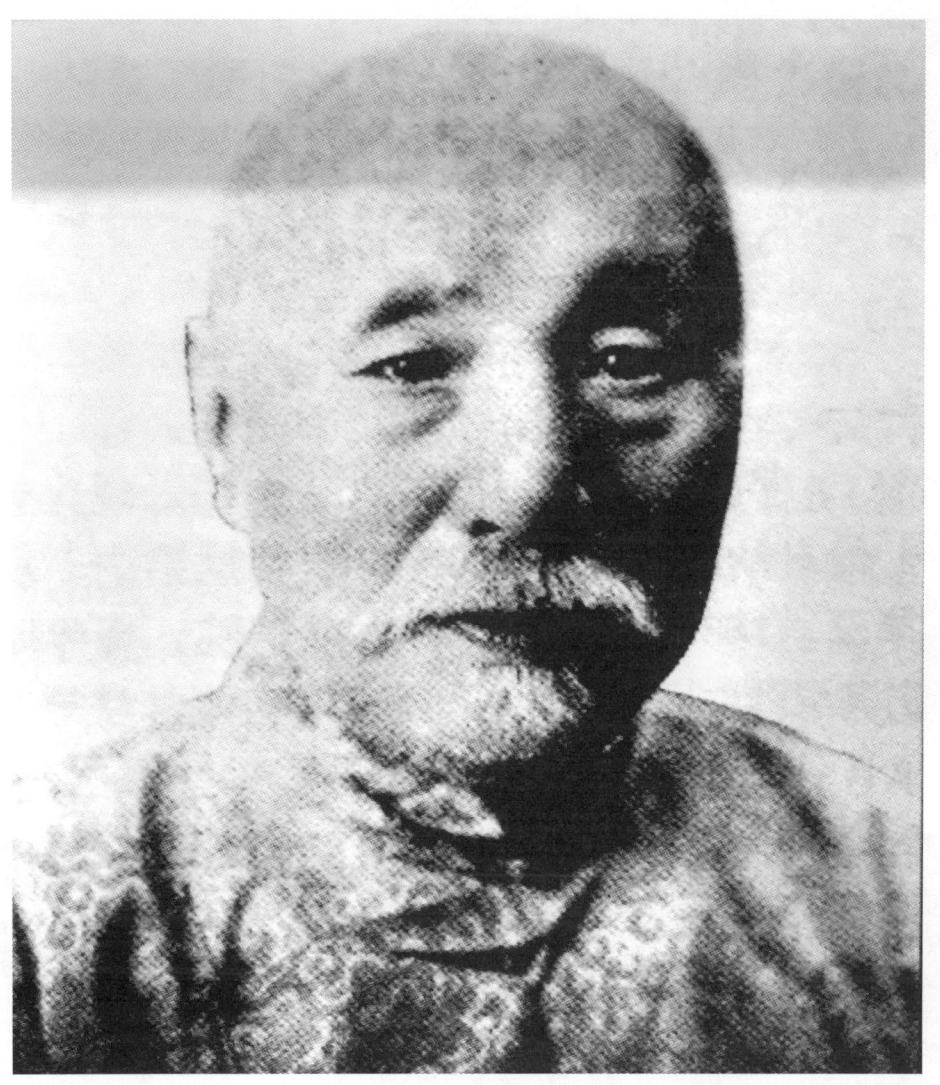

◆王锡彤

今河南卫辉人,"中国水泥王",著名的爱国实业家。曾进入当时中国规模最大的周学熙资本集团,成为由周学熙、陈一甫、孙多森(当时中国银行总裁)、李希明、袁世凯大家族组成的董监会核心人物之一。1921年他创办卫辉华新纱厂,为卫辉、新乡乃至国家的经济发展做出了不可磨灭的贡献。

◆王晏卿

生于1887年9月25日，卒于1984年2月24日，系新乡县络丝潭村人，居住于新乡县城郊姜庄。著名的实业家、金融家。他所创办的"同和裕"银号，在二十世纪二三十年代的河南乃至全国都有很大影响，曾被人们称为"金融巨子"。他先后开办了新乡第一所现代化教育学校，新乡第一个具有各种科学读物的图书馆，新乡第一所中国人办的西医院，并兴建水电公司，使新乡工商业用上电动力，新乡的马路第一次用上电灯照明。他先后创办水电公司、纺织厂和机器厂等9家工业企业，奠定了新乡早期的工业基础，被誉为"新乡现代工业之父"。

◆1933年5月5日，新乡市金融专家王晏卿（左）到辉县考察百泉水利建设，计划修建水电站时与有关人员合影。　　　　　　（辉县市公安局供稿）

◆ 郭仲隗

新乡县大召营村人，1908年参加同盟会，国民政府时期先后任行政督察专员、豫鲁监察史，1945年在新乡创办河朔中学。由于他敢于仗义执言，为民请命，被誉为"民国海瑞"。新中国成立后，先后任河南省人大代表、政协委员、省政府参事室主任等。

（图片来自：《新乡文史资料简编》）

◆郭兴

新乡市辉县市高庄乡金章村人，原北疆军区司令员，电影《平原游击队》游击队长李向阳的原型。

（图片来自：《新乡文史资料简编》）

◆朝鲜战争结束时回国的郭兴。

（新乡文史资料简编）

◆张殿臣

新乡县中大阳堤人,新乡制蛋业创始人,1879年生,23岁被钱庄聘任为经理。跋涉京、津、沪及汉口、西安各大都市,视野开阔。1943年,张殿臣在津为我市办学捐款两万余元。回新乡后居住在城里大北街,积极筹办了同济小学(现东街小学)。

(张亦萍供稿)

◆孙芝田

　　河南武陟人，20世纪40年代初，在焦作创办了名号"大泉涌"的染布坊，在印染业享有盛名。抗战后期，举家东迁至新乡，又在胜利路中段创办了"天泉"大型印染企业。抗战时期在胜利路中段创办了"天泉"大型印染厂，解放战争期间多次为解放军提供物资支持。新中国成立后，他积极执行公私合营政策。

（孙云供稿）

◆李毅之

　　河南新乡县人，1932年入党，先在北平、天津从事地下工作，后组织新乡、获嘉、辉县3县学生和青年农民近百人组成平汉抗日游击支队，任司令员。曾圆满完成护送刘少奇、陈毅等人通过敌军封锁线的任务。新中国成立后任太行行署专员、第一任新乡市长。

◆刘知侠

河南卫辉人,历任山东省文联秘书长、山东省文联副主席兼中国作家协会山东分会主席、中国文联委员、中国作家协会理事、山东省文联党组书记等职。成名作《铁道游击队》,被译成英、俄、法、德、朝、越等8国语言在国内外发行。其作品还有短篇小说《铺草集》《沂蒙山故事集》,中篇小说《芳林嫂》,长篇小说《沂蒙飞虎》《战地日记》和《知侠中短篇小说选》等。

◆刘知侠偕夫人刘真骅参加百泉文学笔会时的留影（右四为刘知侠,右三刘真骅）。
（新乡市档案馆供稿）

◆郑永和

　　河南辉县人，20世纪70年代初，时任辉县县委书记的郑永和，带领全县人民劈山开路、拦河筑坝，使山区实现水通、路通、电通。并建成一大批县乡企业。郑永和治山治水、苦干实干的精神和辉县人民改造山河取得的巨大成就，赢得"辉县人民干得好！"的赞誉。郑永和退休后，组织老干部服务队修建的北干渠完全建在深山区，总长40多公里。从根本上解决了辉县东部区5个乡（镇）109个自然村的居民饮用水和5万多亩耕地、8万亩宜林山的灌溉用水问题。为纪念他，山区人民在太行山石壁上刻下"人民永和"。

◆李霞生

河南新乡县人,著名画家。1931年入清华大学美术学院,师从齐白石。毕业后与同窗张丕振、张牧野创办北华私立美专,教授国画专业,后在教育战线从事美术教育工作。日寇侵华,新乡沦陷,他毅然投笔从戎,积极组织抗日活动。后参加李毅之领导的平汉游击队。新乡解放后,历任新乡师范总务主任、新乡市政协委员等。

◆ 张一圃

河南辉县人，原新乡市美术家协会副主席、顾问，河南省美术家协会理事。1954年年画《庆丰收》《拥军优属》由河南人民出版社出版。1964年国画《春到卫水》参加庆祝新中国成立15周年全国美术展览，晚年主攻墨竹。其作品曾多次参加国内外美术展。

◆ 张一圃现场作画。

◆ 兰家壁

　　四川泸州人，全国人大代表。1955年起，在市重点蔬菜基地丰乐里村20余年，进行蔬菜种植技术的研究和推广工作。为解决蔬菜"春淡"问题，将冬播叶类菜的直播改为移栽，使冬播叶类菜的种植面积成倍扩大。1970年代进行蔬菜高产试验，使豆角亩产达4141公斤，青茄子亩产达7795.5公斤，夏黄瓜亩产达7350公斤。其事迹曾被《人民日报》专题报道。1983年获国家农业科学技术推广工作者称号。

◆《人民日报》《文汇报》《中国妇女》《河南日报》等都宣传报道过兰家壁的事迹。

(郑敏锐供稿)

◆兰家壁与劳模刘启云一起研究蔬菜。

◆刘启云

　　河南新乡人,全国农业劳模,新乡市郊区（今牧野区）丰乐里生产大队党支部原书记,蔬菜种植专家。

◆李祖传

　　河南新乡人，离休老红军，1955年到新乡市离职休养，1960年国民经济暂时困难时期，他开荒种地，养猪喂鸡，把节约的300斤粮食和300多斤粮票捐给国家，被传为佳话。

◆新乡市向老红军李祖传学习动员大会。

◆ 史来贺

河南新乡县人,全国人大常委会原委员,新乡县七里营镇刘庄村党委原书记,全国著名劳动模范。任刘庄村党支部(党委)书记50多年,把新中国建立前"方圆十里最穷数刘庄"的穷村子,建设成为一个闻名全国、富裕文明的社会主义新农村。他连续4届被评为全国劳动模范,先后16次进京参加国庆观礼,多次受到毛泽东、邓小平、江泽民、胡锦涛等党和国家领导人的亲切接见,数十位党和国家领导人亲临刘庄村视察。中共中央组织部把史来贺的名字与雷锋、焦裕禄、王进喜、钱学森列在一起,誉为新中国成立以来在群众中享有崇高威望的共产党员优秀代表。

◆1950年代的史来贺。

◆1970年代,史来贺和社员在棉花地里。

◆1980年代，史来贺在田间和农机技术人员一起讨论。

◆新乡市召开向史来贺同志学习动员大会。

◆赵兰凤

河南新乡人,新乡市罗庄街居委会原主任,曾三次受到毛泽东主席接见。

◆1970年代的卫生模范街罗庄街,当时赵兰凤仍然是居委会主任。
(图片来源:《卫河记忆》)

◆侯德昌

河南辉县人，著名书画家，中央文史研究馆馆员、中国美术家协会会员，毕业于原中央工艺美术学院并留校任教。为我国申办奥运会，他主笔创作了百米长卷《中华魂》；为人民大会堂东厅主笔绘制巨幅大型山水画《幽燕金秋图》，受到党和国家领导人的称赞；为中南海创作《山永寿松长青》和几幅独具特色的山水画；为中央军委八一大楼创作巨幅山水画《长城雄关图》等。他的山水画功力深厚，生活气息浓郁，布局严谨，气势如虹，在国内外享有盛誉。

◆佘宝珠

　　河南新乡人，著名豫剧表演艺术家，《状元媒》中饰柴郡主。其丈夫鲁先庆、儿子鲁艺均是豫剧团首席鼓师。

◆佘宝珠生活照

◆金不换

新乡市封丘县人，我国著名豫剧表演艺术家，第十七届"梅花奖"得主，师承豫剧名丑牛得草。

◆陈素贞（左一）

新乡市人，豫剧五大名旦之一。解放前后声震豫剧舞台，被称为"豫剧皇后""河南梅兰芳"等。1936年即在上海灌制了《三上轿》等10张唱片。解放后先后在河北省豫剧团、邯郸戏校、天津市豫剧团工作。曾任中国剧协理事、河南省剧协副主席、河南省政协常委等。

这是陈素贞1982年来新乡戏校教戏时接受《新乡晚报》采访时的一幅照片。陈素贞真诚、朴素、亲和，来新乡教戏时，她拒绝住宾馆，就住在当时卫河公园简陋的戏台旁。

（史国新供稿）

◆张荣花

　　河南新乡人，全国劳动模范，新乡华新纱厂技术能手。1956年参加全国劳动模范大会回来，即席向大家表演她的巧手绝技。

（王世龙供稿）

◆葛新爱

　　河南长垣人，乒乓球世界冠军。她的直拍削球打法，削球低而旋转，守中有攻，发球变化多、落点好。第33、34、35届世界乒乓球锦标赛连续3次获女子团体冠军的中国队主力队员之一。在第35届世界乒乓球锦标赛上，获女子单打和混合双打两项冠军。同时还获得由世界乒坛元老宿将组成的斯韦思林俱乐部授予的最佳选手奖银杯。1981年获"运动健将"称号。

◆ 张立

　　河南新乡人,我国二十世纪六七十年代著名乒乓球运动员。6岁进入工人街小学读书,自小痴迷乒乓球。12岁被选到河南省体育工作大队,14岁入选国家乒乓球队,15岁参加全国比赛。

　　1971年至1979年,共获得25个亚洲和世界冠军、8个亚军、3个季军。第八届亚运会,她在女子团体、女子单打、女子双打、男女混双4个项目比赛中,一举获得4块金牌。

　　她精湛的球技和良好的球风得到广大球迷的热爱,并受到国务院总理周恩来的亲切接见。1979年第35届世乒赛后,任中国女子乒乓球队主教练。

◆ 张立在世界冠军领奖台上。

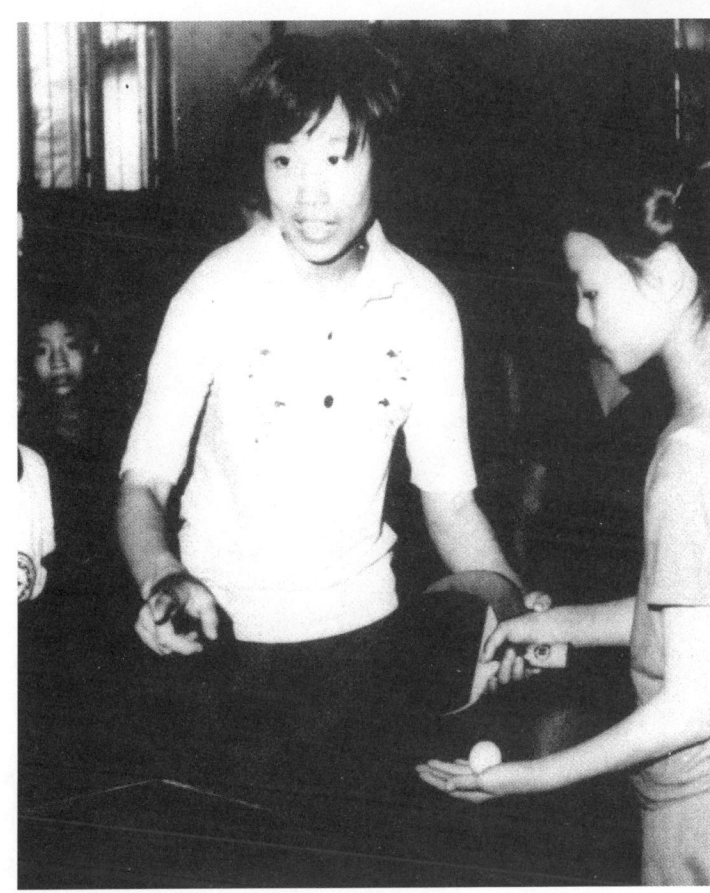

◆1979年张立在获嘉县体校辅导少年队员练球。

◆关牧村

　　河南新乡市人,著名歌唱家,国家一级演员,天津歌舞剧院女中音歌唱家,享受国务院特殊津贴。20世纪70年代,以演唱人民音乐家施光南作曲的《打起手鼓唱起歌》《祝酒歌》《吐鲁番的葡萄熟了》等作品而蜚声中外。先后主演音乐故事片《海上生明月》,歌剧《宦娘》《屈原》,电视歌剧《最后的悲歌》,电视艺术片《吐鲁番的葡萄熟了》《美丽的敦煌》《月光下的凤尾竹》等。

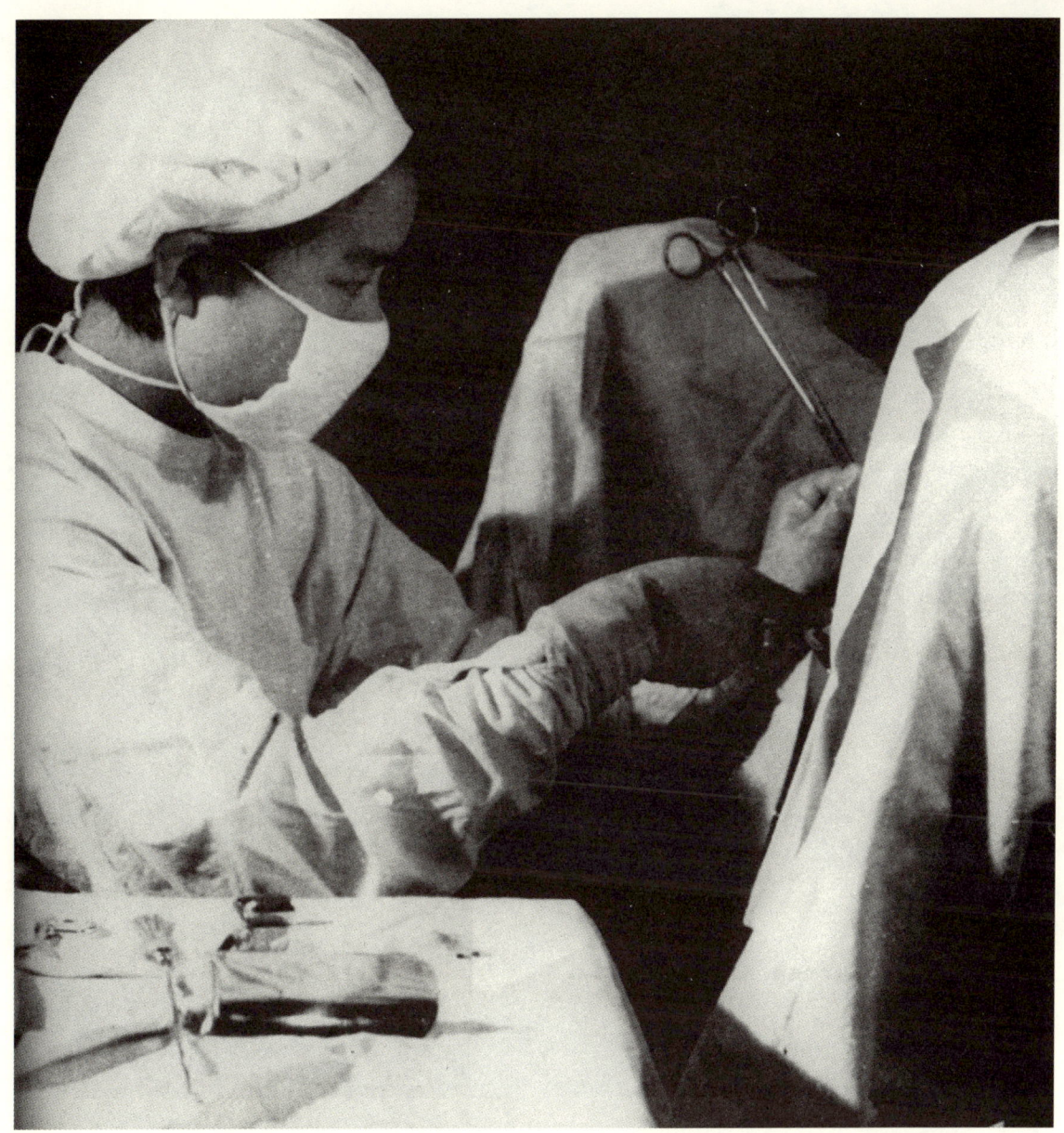

◆上官淑芬

河南新乡人，新乡市早期著名的妇产科专家。1949年至1961年在河南医学院任讲师和科主任，后在新乡第一人民医院、新乡市卫校、新乡市妇幼保健院任职、任教。图为1963年上官淑芬在做手术。

（李西良供稿）

◆荆来太（右一）

河南新乡人，全国劳动模范、邮递员荆来太在给群众送信。

◆吕书墨（右三）

　　河南新乡县人，全国劳动模范，时任新乡县七里营党支部书记。

◆一门四团长

著名京剧表演艺术家吴韵芳及其家庭四人都曾担任过河南省京剧团团长。吴韵芳（右上），河南封丘县人、公公李俊臣（左下）、婆婆侯桂仙（右下）、丈夫李民华（左上）。

◆王清芬

河南新乡人,国家一级演员,著名豫剧表演艺术家。省政协第六、七、八届委员,省文史馆馆员,中国戏剧家协会会员,第五次全国文代会代表。她主演了电影戏剧艺术片《风雨情缘》。

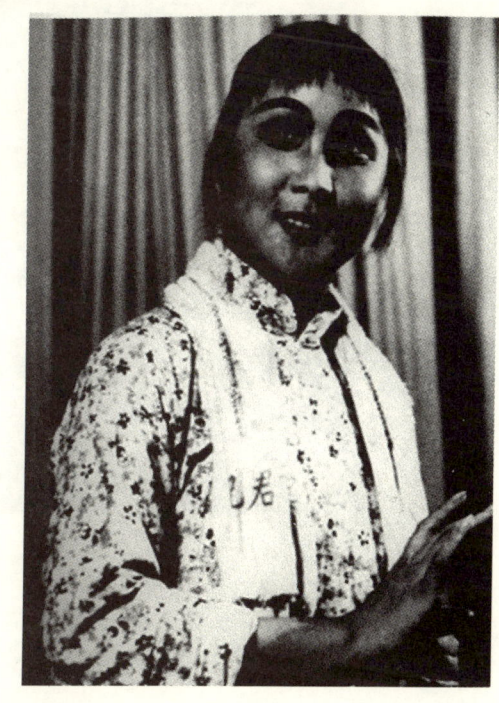

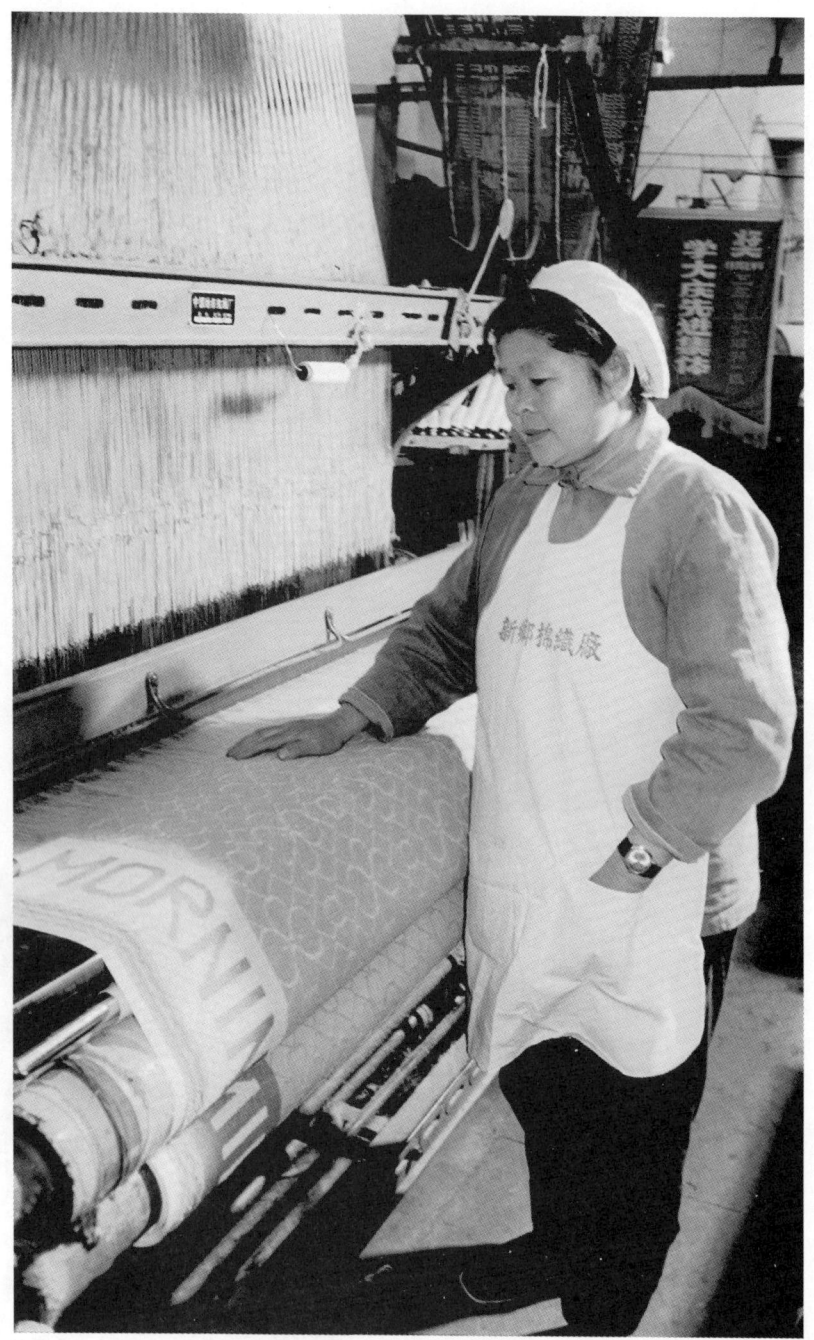

◆王兰珍
河南新乡人，全国劳动模范，原新乡市棉织厂工人。

◆阎立品

　　河南新乡封丘人，我国著名豫剧表演艺术家。1921年出生，早年拜杨金玉为师，1954年被京剧艺术家梅兰芳收为弟子。代表剧目有《秦雪梅》《西厢记》《碧玉簪》等。

◆刘美兰

河南新乡市人,著名杂技表演艺术家。

◆杨三纪

　　河南新乡人，全国劳动模范，新乡市公安局交警支队优秀警察。1948年生，1974年从警，当了32年交警，他一直在百货大楼岗亭执勤。32年间他除了出差、生病，一天也没有离开岗位。他忠于职守、热爱百姓，去世后，群众自发沿街伫立，默哀送别。

◆ 刘震云

1958年出生于新乡市延津县。1976年入伍，1978年复员，同年考入北京大学中文系。1982年毕业后进入农民日报社工作，同年开始创作。1988年至1991年曾到北京师范大学、鲁迅文学院读研究生。1987年后连续发表了《塔辅》《新兵连》《头人》《单位》《官场》《一地鸡毛》《官人》《温故一九四二》等描写城市社会的"单位系列"和干部生活的"官场系列"作品，引起了强烈反响。1991年发表的长篇小说《故乡天下黄花》，标志着他开始追求新的创作境界。后经过五六年的时间，完成了长篇小说《故乡面和花朵》。2007年推出小说《我叫刘跃进》（后被改编成电影），2009年出版小说《一句顶一万句》引起了新的轰动。现为中国作家协会委员、一级作家、北京市青联委员。图为大学时代的刘震云。

（新乡市档案馆供稿）

◆黄爱玲（右三）

河南新乡人，中国大陆演员，其代表作品《仇侣》《竹山青青》《雪豹下落不明》等，2018年获第五届"中国电视好演员"优秀演员奖。

(新乡市档案馆供稿)

◆刘国梁

新乡封丘人，1976年1月10日出生，曾任中国乒乓球队总教练。是中国男子乒乓球历史上第一位集奥运会、世乒赛、世界杯冠军于一身的"大满贯"得主。2018年12月1日，刘国梁任中国乒乓球协会主席。

后记

"技艺超群　人品更高"

——牛子祥其人其事其情怀

王嘉俊

在新乡，牛子祥很出名。他躬耕光影世界一辈子，不仅因为他获得过国家最高摄影奖等诸多荣誉，光环耀眼，成就非凡。还在于，他先后培养了10000多名"学生"，又从自己几十年积累的海量照片库中精挑细选出十多万张精品无偿地捐给了国家。

上世纪八十年代初期，牛子祥先生与刚刚大学毕业的李宝琴女士相识在新乡日报社，成为并肩作战的"战友"。他们在新乡的新闻宣传战线上，耕耘数十年，情缘恒深。

这次，就《新乡岁月》一书的编创工作，牛子祥给予了全力支持。书中，牛子祥那一幅幅泛着岁月光芒的照片里含着新乡的"年轮"。

坚守：一颗炽热的"摄影心"

1958年，22岁的牛子祥，在新乡市委党刊《支部生活》开始了他的新闻摄影生涯，结果，一干竟是一辈子。

当初的《支部生活》里，加上牛子祥一共三个人，论摄影更是三个一窍不通的门外汉。于是，拍照的工作就落在了年轻力壮的牛子祥肩上。可面对崭新的相机时，牛子祥却傻了眼。不懂是小事，没法学就成了大事。不仅找不到专业的老师指教，就连购买一本启蒙摄影读本也成了梦想。牛子祥去了北京，跑了多个书店才买到的一本苏联出版的《少年摄影工作室》小册子。

俗话说，有志者事竟成，苍天不负有心人！牛子祥硬是凭着一种坚毅，一股牛劲，不断摸索，不断修正，一步步提高完善了自己的摄影技能。从最初的一卷胶片成品不到三张，变成了一卷胶片几乎没有次品。

久而久之，新闻摄影在牛子祥的认识上，由工作使然到兴趣喜欢，再到热爱执着，变成为事业的忠诚与追求！

为此，二十年间他曾多次谢绝了离职升官的调动。1970年代，组织上准备提拔他到市委外事部门任职，他立即找到市委领导一口气说出好几条谢绝的"理由"，而最根本的一条还是要求一直搞新闻摄影。

还有一次，省里已决定将他调走，提前看到《通知》的开车师傅打闹着要他请客。当时的市委书记曾把他叫到常委会上，热情地让他坐下，说："子祥呀，你有什么要求都可以讲，我们可不同意放你走啊！"牛子祥感慨地说："领导既然这样器重我，我决心在这里为新乡的摄影事业干一辈子。"

时过不久，市委组织部长又找他谈话，要他留在机关或下去任职，而他却说："我酷爱摄影工作，让我去新乡晚报社吧！把我放在报社这个宣传阵地上，也许更能发挥我的作用……只希望有个好照相机……"

牛子祥有一颗炽热的"摄影心"。在他年轻的时候很少过节假日，也很少和家人逛公园、串亲戚、看电影。每逢春节，他的足迹总是要踏上新乡的山山水水、厂矿农村，从初一到初四，年年如此。

平时的星期天，更是他的宝贝"机动日"，办班、讲学、开会、修照相机（曾经，牛子祥一年为本地和外地的人免费修照相机300多次）、洗相片……

1983年，47岁的牛子祥到新乡晚报社工作以后，向领导申请了一个小床，放在他那16平方米的办公室里，坚持晚上和星期天到报社加班、住宿。

传承：一块温润的"铺路石"

曾经，新乡市的摄影艺术在河南属于倒数，怎么办？

牛子祥思索良多，从1968年开始，他开始举办业余摄影学习班。办班的时候都在晚上和星期天，加上各单位自办培训班请他讲课，常常使他"连轴转"。

于是，牛子祥把各个学习班的上课时间错开，采取"穿梭"讲课。就是到今天，83岁的他还是按照课时要求，从牛村老家乘坐公交车到新乡市老年大学讲课，一个来回，就差不多两个小时，但是，他风雨不改。

他教的学生，10年前的统计数字是8000人，如今早已超过万人。不少人成了所在战线上的摄影骨干。在2017年一次省级摄影比赛中，全河南省获大奖的 11 人中，有 6 人是他的学生。

他说："我摄影水平再高，片子拍得再好，也就我一个人拍摄。如果把我的学生都培养出来，大家都来拍新乡、宣传新乡，百花满园总比一枝独放要好。"

此外，在牛子祥和摄影界几位老同志的倡导下，新乡市于 1985 年 7 月成立了新乡市摄影工作者协会。仅 1987 年一年，该协会就在省级以上报刊发表作品 60 余幅，在图片展览比赛中发表作品 80 余幅，其中入选中南五省的作品数量名列全省之首，不少还得了大奖。

《中国摄影报》曾这样报道："牛子祥最大的特点是具有铺路石的风格和对摄影事业无私奉献的精神。他埋头苦干，默默无闻，托着人们前进。"

永恒：一次性捐 10 万张老照片

牛子祥说，他在摄影道路上是有着得天独厚优势的，这一点，也让他始终保持着一颗感恩的、温暖的心。

比如，他曾在新乡市委的几个部门工作，一次又一次地"蹭"部队的飞机到新乡上空进行航拍。因此，他得以从比较宏观的角度，为新乡这座城市定格每个成长阶段的样子。

他还曾为 40 多位国家领导人和几十个国家的国际友人拍过照，他挎着一部相机走天涯、品世界，享受"光影人生"……

1992 年 10 月份，牛子祥被中国摄影家协会授予摄影组织工作最高奖"金烛奖"；

2012 年，他被河南省文联、省摄影家协会授予"金像奖""终身成就奖"；

2018 年 7 月，中国老摄影家协会聘他为顾问（该荣誉在全国仅有两名）……

为人民领袖拍照的著名摄影家侯波、徐肖冰夫妇，曾为牛子祥题词："技艺超群，人品更高。"

近年来，牛子祥把家中的 3 间房屋整理成"牛子祥摄影作品陈列展览馆"，每周都要接待观众参观，让大家了解新乡不同时期的发展变化。他说，他的生命是父母给的，而他在事业上长达数十年的光芒和荣誉，却是党和国家给的。

2005 年 4 月 30 日，69 岁的牛子祥将他精挑细选的 10 万张照片无偿捐给了新乡市档案馆，这些照片从摄影的角度，艺术而多侧面地记录了新乡的"芳华四十年"。牛老捐赠的照片数量之多、内容之丰富，开了个人捐赠国家综合档案馆的先河……

光阴荏苒，躬耕不断。如今，八旬有余的牛子祥镜头里的照片已有20万张。

人民日报著名编辑夏景凡曾特意赠送给牛子祥一件家乡的特产——一头钧瓷制品"牛"作为礼物。他说："老牛啊，这就是你的象征，我算服你了，你就有这个牛劲儿，有牛的品格和精神。"

如今，想想，当年鲁迅先生的那句"俯首甘为孺子牛"，原来可以这般容易，在身边就能感受到那条清澈、澎湃的精神之河。